Hans Jellouschek

»Warum hast Du mir das angetan?«

»FAMILIENWELTEN«
Herausgegeben von Rosmarie Welter-Enderlin
und Bruno Hildenbrand

Band I: Günter Burkart, Martin Kohli
Liebe, Ehe, Elternschaft
Die Zukunft der Familie

Band II: Rosmarie Welter-Enderlin
Paare – Leidenschaft und lange Weile
Frauen und Männer in Zeiten des Übergangs

Band III: Juliet M. Corbin, Anselm H. Strauss
Weiterleben lernen
Chronisch Kranke in der Familie

Band IV: Carolyn P. Cowan, Philip A. Cowan
Wenn Partner Eltern werden
Der große Umbruch im Leben des Paares

Mit Menschen verbindlich zusammenzuleben – verheiratet oder
unverheiratet, alleinerziehend oder mit einem anderen, nicht-
biologischen Elternteil – bedeutet eine Möglichkeit, in der Welt
zu Hause zu sein. Und es bedeutet, im raschen Wandel gesell-
schaftlicher Verhältnisse Kontinuität zu erleben und zu vermitteln. Was aber sind die Quellen dieser Kontinuität? Wenn
Eltern – Kind – Beziehungen im Prinzip unaufkündbar sind und
wenn z. B. Eltern über gemeinsame Kinder verbunden bleiben,
selbst wenn sie als Liebende getrennt sind: Was ermöglicht die
Beständigkeit im Wandel? Wenn der Mensch nicht einfach mehr
fraglos zu einer Gemeinschaft gehört, sondern sie selber immer
wieder neu schaffen muß, woher nimmt er dann seine Wurzeln?
In der Reihe »Familienwelten« werden diese Fragen aus unterschiedlichen Perspektiven beleuchtet. Allen Büchern gemeinsam ist das Anliegen, Einsichten in neue Gestaltungsmöglich-
keiten des Zusammenlebens in Familien zu geben, ohne zu
belehren.

Hans Jellouschek

»Warum hast Du mir das angetan?«

Untreue als Chance

Piper
München Zürich

Redaktion: Ingrid Veblé-Weigel

ISBN 3-492-03816-6
2. Auflage 1996
© R. Piper GmbH & Co. KG, München 1995
Das Gedicht von Erich Kästner auf S. 96 f. erschien 1969 in
»Gesammelte Schriften für Erwachsene« und wird hier abgedruckt
mit freundlicher Genehmigung des Atrium-Verlags, Zürich
(© Copyright by Erich Kästner-Erben, München)
Umschlag: Federico Luci,
unter Verwendung von Motiven aus "Paul Taylor" (1964)
und "Blue Umbrella 1" (1972) von Alexkatz
© 1995 Alexkatz/Licensed by VAGA, New York
Courtesy, The Marlborough Gallery, New York
Gesamtherstellung: Clausen & Bosse, Leck
Printed in Germany

INHALT

VORBEMERKUNG

Die Aussagen in diesem Buch erheben keinen wissenschaftlichen Anspruch. Sie sind der Versuch, meine praktischen Erfahrungen aus zwanzig Jahren Arbeit mit Paaren zum Thema Dreiecksbeziehungen zu ordnen und in ein System zu bringen. Meine Arbeit – nämlich Therapien und Beratungen von einzelnen Paaren und mehrtägige Workshops mit Paaren und einzelnen – habe ich von Anfang an zusammen mit meiner Frau Margarete Kohaus-Jellouschek durchgeführt, reflektiert und konzeptualisiert, so daß sie vor allem wesentlichen Anteil am Zustandekommen dieses Buches hat. Dafür möchte ich mich bei ihr herzlich bedanken. Weiter möchte ich meine Kollegin Angelika Glöckner erwähnen, mit der ich mehrere Seminare zum Thema »Dreiecksbeziehungen« leitete, aus denen ich viele Anregungen und Impulse mitgenommen habe.

Schließlich möchte ich den vielen Menschen danken, den Ehefrauen, Ehemännern und »Geliebten« beiderlei Geschlechts, die sich uns anvertrauten und uns so zu unseren Erfahrungen und Erkenntnissen verhalfen.

Das vorliegende Buch ist sowohl für professionelle Helfer, als auch für unmittelbar Betroffene geschrieben.

Ammerbuch, im Frühjahr 1995   Hans Jellouschek

ERSTES KAPITEL

DREIECKSGESCHICHTEN

1. Wie spricht man darüber?

Seit ich mich mit dem Thema Untreue und Dreiecksbeziehungen befasse, stehe ich vor begrifflichen Schwierigkeiten. Denn ich bewege mich hier, trotz aller Liberalisierung, in einem gesellschaftlich tabuisierten Bereich, was sich schon allein darin zeigt, wie man darüber spricht: So gut wie alle Begriffe, die in diesem Zusammenhang verwendet werden, haben eine moralische Färbung. Sie urteilen, verurteilen, werten ab, sprechen schuldig oder nicht schuldig. Damit werden sie aber dem menschlichen und psychologischen Geschehen kaum gerecht. Auf den folgenden Seiten werden wir diesem Problem immer wieder begegnen. Darum stelle ich einige Überlegungen zum Sprachgebrauch an den Anfang.

Wenn ein Partner in einer auf Dauer angelegten Zweierbeziehung eine intensive, d. h. in der Regel sexuelle Beziehung zu einem Dritten eingeht, dann nenne ich die Beziehungskonstellation, die dadurch entsteht, »Dreiecksbeziehung«, »Beziehungsdreieck« oder »Dreieckskonstellation«. Dabei spielt es für mich eine untergeordnete Rolle, ob die Außenbeziehung geheim bleibt oder offen wird, ob sie gegen den Willen oder mit Einverständnis des anderen Partners unterhalten wird. Dies mag verwundern, denn ein offengelegtes Dreieck scheint sich von der Situation einer verschwiegenen Außenbeziehung stark zu unterscheiden, und beim Begriff »Dreiecksbeziehung« denkt man in der Regel an ein offengelegtes Beziehungsdreieck. Dennoch scheint mir dies auch im Fall der Geheimhaltung der richtige Begriff. Denn sobald einer der Partner eine Außenbeziehung eingeht, ändert sich in jedem Fall die Situation der Zweierbeziehung grundlegend. Auch wenn der »treue« Partner nicht von dem oder der Geliebten weiß, bekommt er auf eine verborgene Weise mit diesem/dieser zu tun, tritt also in eine Beziehung zu ihm/ihr, und deshalb entsteht ein Beziehungsdreieck, auch wenn diese Tatsache nicht von allen Beteiligten wahrgenommen, vielleicht sogar geleugnet oder verleugnet wird. Sobald einer der Partner eine intime Außenbeziehung eingegangen ist, ist nichts mehr so, wie es vorher war. Jeder wirkt dann auf jeden ein. Die Außenbeziehung wirkt auf die Ehebeziehung, genauso, wie die Ehebeziehung auch die Außenbeziehung beeinflußt und ihren spezifischen Charakter mitbestimmt. Es entsteht eine Wechselwirkung zwischen allen dreien, dem Ehemann, der Ehefrau und dem/der Geliebten, also eine Dreiecksbeziehung.

Für die einzelnen Beteiligten im Beziehungsdreieck verwende ich im folgenden bestimmte Begriffe, die den Part in der Dreieckskonstellation benennen. So spreche ich vom »Ehemann«, von der »Ehefrau« – auch wenn es sich um ein nicht formell verheiratetes Paar handelt – und von dem oder der »Geliebten«. Derjenige, der die Außenbeziehung eingeht, ist im allgemeinen Sprachgebrauch der »Untreue« oder der »Betrüger«, derjenige, dem sie widerfährt, ist der »Treue« oder der »Betrogene«. Diese Begriffe enthalten eindeutige moralische Wertungen. Mein Anliegen in diesem Buch ist es aber, möglichst unvoreingenommen die systemischen und psychologischen Zusammenhänge zu sehen und zu würdigen, die in solchen Konstellationen wirksam sind. Damit verbietet sich eigentlich der Gebrauch dieser Begrifflichkeit. Andererseits wäre ich gezwungen, ständig komplizierte Umschreibungen vorzunehmen. Um das zu vermeiden, werde ich trotzdem vom »Untreuen« und »Betrüger« sowie vom »Treuen« und »Betrogenen« sprechen, dabei aber bewußt diese Begriffe in Anführungszeichen setzen.

Wenn im folgenden von »dem/der Geliebten« die Rede ist, berücksichtige ich nicht, daß dieser/diese seinerseits wieder Ehefrau oder Ehemann sein kann. Ich sehe also das Geschehen vor allem aus der Perspektive des betroffenen Paares, zu dem ein Dritter/ eine Dritte hinzukommt. Ob diese/r Dritte ein Single ist oder seinerseits in einer festen Beziehung lebt, lasse ich in der Regel außer acht. Ich bin mir bewußt, daß dies eine künstliche Eingrenzung darstellt, nehme diese aber in Kauf, um die Beziehungskomplexität auf ein beschreibbares und nachvollziehbares Maß zu reduzieren.

Die an der Dreiecksbeziehung beteiligten Personen sind oft auch Eltern kleinerer oder größerer Kinder. Diese spielen ihrerseits beim Entstehen und im Verlauf einer Dreiecksbeziehung unter Umständen eine bedeutsame Rolle. Die daraus entstehenden Beziehungsdynamiken sind bedeutsam und müssen in die konkrete therapeutische Arbeit miteinbezogen werden. In unserem Zusammenhang reflektiere ich jedoch diese Einflüsse nur am Rande, zunächst ebenfalls aus Gründen der erwähnten notwendigen Komplexitäts-Reduzierung, dann aber auch deshalb, weil die Dreiecksbeziehung in erster Linie die Paarebene und nicht die Elternebene betrifft und deshalb auch und vor allem auf dieser Ebene betrachtet werden muß.

Nach diesen mehr begrifflichen Vorklärungen wenden wir uns nun der Frage zu, wie Dreiecksbeziehungen heute bewertet werden.

2. Dreiecksbeziehungen heute

Es besteht kein Zweifel, daß Dreiecksbeziehungen heute in einem erheblich größeren Ausmaß entstehen als dies zu früheren Zeiten der Fall war. Statistiken sprechen davon, daß in unserer westlichen Welt etwa ein Drittel bis die Hälfte aller Männer und Frauen im Laufe ihrer Ehejahre »untreu« werden.[1] Dabei wird immer wieder angemerkt, daß die Frauen in den letzten Jahrzehnten kräftig »aufgeholt« hätten. Sie haben heutzutage mit den Männern nahezu »gleichgezogen«. Die allgemeine Einstellung zu Treue und Ausschließlichkeit der auf Dauer angelegten Zweierbeziehung scheint sich gewaltig gewandelt zu haben. Dieser Wandel ist Teil eines umfassenden Veränderungsprozesses, den wir in Beziehungsdingen heute überhaupt erleben. Familiensoziologen sprechen von einem umfassenden Individualisierungsprozeß oder von der fortschreitenden Freisetzung des Individuums aus vorgegebenen sozialen und weltanschaulichen Bindungen.[2] Dieser Prozeß hat in der westlichen Welt mit der Moderne eingesetzt, durch die Industrialisierung weite Kreise erfaßt und ist heute – im Zeitalter der »Postmoderne« – noch in vollem Gange.

Während sich früher der einzelne als Teil eines umfassenden Ganzen verstand, dem er sich einzufügen und zu dienen hatte, ist heute das Individuum und seine Selbstverwirklichung in den Mittelpunkt getreten. Das hat tiefgreifende Auswirkungen auf das Beziehungsleben. Nicht mehr die Existenzsicherung und das Weiterführen der Generationsfolge stehen im Vordergrund, sondern die wechselseitige Erfüllung individueller Glücksvorstellungen. Dementsprechend wird nicht mehr die Versorgung und Fürsorge der Partner füreinander betont, sondern die leidenschaftliche, erotische Liebe. Nicht mehr der gemeinsame Dienst an einem Dritten – den Kindern, der Familie – ist das vordringliche Anliegen, sondern die Verwirklichung und Ausprägung der eigenen Individualität. Die Sexualität dient nicht mehr vordringlich der Fortpflanzung, sondern wird zum hauptsächlichen Schauplatz dieses individualisierten Glücksstrebens. Die Frauen lösen sich immer mehr von ihren dienenden Rollen. Kinder zu haben, ist nicht mehr ihr Schicksal, sondern obliegt ihrer autonomen Entscheidung. Eine eigene berufliche Identität gehört immer mehr zu ihrem Selbstverständnis, selbst dann, wenn sie äußerlich noch in der traditionellen Hausfrauen- und Mutterrolle leben. Die Bindung der Partner aneinander wird immer weniger als objektiv vorhandenes »eheliches Band« erlebt, sondern als eine Gefühls-Tatsache, die entweder vorhanden ist, oder auch nicht (mehr). Wandel, Flexibilität, Mobilität und das Momenthafte im Hier und Jetzt stehen im Vordergrund des Lebensgefühls, während das Bleibende und Verläßliche, das Dauerhafte und Kontinuierliche eher in den Geruch des Langweiligen oder Sturen geraten. Die »Treue zu sich selbst« bekommt einen immer zentraleren Stellenwert – und sie gerät immer häufiger mit der »Treue zum anderen« in Konflikt.

Gewiß kommen derartige Trends nicht in allen gesellschaftlichen Milieus gleichermaßen zur Geltung. Nach Burkart und Kohli[3] sind sie lediglich für das alternative und teilweise für das intellektuelle Milieu typisch, während im technischen, im ländlichen und im Arbeiter-Milieu die traditionellen Werte der patriarchalen bürgerlich-christlichen Ehe das Bewußtsein noch stärker bestimmen. Dennoch ist nicht zu verkennen, daß diese Werte auch hier nicht mehr unverrückbar sind. Die Ausschließlichkeit der Partnerliebe und die Treue bis in den Tod sind vielleicht noch Ideale, aber als verbindliche Normen hören sie mehr und mehr auf zu existieren.

Wenn heute Partner einander treu bleiben, tun sie es immer weniger aus familiären, ökonomischen und weltanschaulichen Gründen wie das früher der Fall war, sondern vor allem deshalb, weil es ihnen ein Bedürfnis ist, sich treu zu bleiben, weil sie ihre Beziehung als subjektiv befriedigend und sinnhaft erleben. Ist dies nicht mehr der Fall, hat ein heutiger Mensch immer weniger tragfähige Argumente für Treue und Ausschließlichkeit. Wenn er diese weiter aufrechterhält, kann er sogar ein schlechtes Gewissen bekommen und muß sich fragen, ob es ihm vielleicht an Mut mangelt, aus den Konventionen auszubrechen. Treue existiert nicht mehr als objektive Norm, als ein weltanschaulich begründetes Postulat. Treue gibt es immer häufiger nur noch, sofern sie subjektiv als etwas in sich selbst Sinnhaftes erfahren wird. Damit gründet sie sich aber auf einen äußerst instabilen Faktor, denn die subjektive Erfahrung ist allerlei unkalkulierbaren Schwankungen unterworfen. Darum ist es kein Wunder, daß die Zahl der Außenbeziehungen zunimmt und es Dreiecksbeziehungen viel häufiger gibt als in früheren Zeiten.

3. Aufforderung zum Wandel

Außenbeziehungen werden also immer »normaler«. Werden sie deshalb auch als normal empfunden? Das ist keineswegs der Fall. Trotz Aufklärung und Individualisierung gilt nach wie vor, was Heinrich Heine dichtete und Robert Schumann in der »Dichterliebe« vertonte: »Es ist eine alte Geschichte, doch bleibt sie immer neu. Und wem sie just passieret, dem bricht das Herz entzwei!« Wenn »es passiert« wird dies in der Regel als tiefe Erschütterung erlebt. Die Frage »Warum hast du mir das angetan?« bringt dies deutlich zum Ausdruck. Selten geht es ohne schwere Verletzung und Leid ab, es kommt zu tiefen Einschnitten ins bisherige Leben und manchmal zu einer grundlegenden Neuorientierung aller Beteiligten. Das Auftauchen des »Dritten« stellt ein zutiefst krisenhaftes Ereignis dar. Wie ist das zu verstehen?

Das Auftauchen eines Dritten im Lebenszyklus stellt für eine Zweierbeziehung ganz allgemein eine Krise dar, auch wenn es sich bei diesem Dritten keineswegs um eine/n Geliebte/n handelt. Auch das freudig erwartete Baby wirbelt alles durcheinander, was sich ein junges Paar bisher aufgebaut hat. Auch der Besuch der Schwiegermutter kann für manche Paare ein scheinbar nicht zu bewältigendes Konfliktgeschehen darstellen, das regelmäßig heftigst ausbricht. Und die intensiven Gespräche der Ehefrau mit ihrer Freundin ließen schon manchen Haussegen in Schieflage geraten. Was sich zwischen zweien eingespielt hat, ob dies besonders befriedigend ist oder nicht, gibt Sicherheit und Orientierung. Es stellt ein Gleichgewicht dar, das ein Gefühl von Stabilität vermittelt. Der hinzutretende Dritte destabilisiert, er verunsichert und macht orientierungslos. So muß das Entstehen von »Triaden« – Beziehungsdreiecken – ganz allgemein als »kritisches Lebensereignis« im Lebenslauf bezeichnet werden, das Streß verursacht und das Bewältigungspotential von Beziehungspartnern stark herausfordert und manchmal überstrapaziert.[4]

Nun ist das Entstehen der familiären Triade – Vater, Mutter, Kind – wie auch das Hinzukommen der Schwiegermutter oder der Freundin usw. jeweils ein kritisches Lebensereignis, das zweifellos zum normalen Lebenszyklus eines Paares gehört. In diesem Sinne sind Triaden »vorhersehbar«, man rechnet mit ihnen, redet über sie, nimmt sie vorweg und stellt sich auf sie ein, denn das hilft, sie zu bewältigen, wenn sie tatsächlich eintreten. Besonders wichtige »vorhersehbare kritische Lebensereignisse« wie die Geburt eines Kindes zum Beispiel, werden sogar mit Ritualen umgeben, die zusätzliche Bewältigungshilfen zur Verfügung stellen. So ist die Chance gegeben, daß die Destabilisierung überwunden und im Beziehungsgefüge wieder ein neues Gleichgewicht gefunden wird: entweder ist eine neue »funktionierende« Triade entstanden, im Fall der Geburt eines Kindes, oder die Dyade des Paares geht gestärkt aus der Krisenbewältigung hervor, im Fall des erfolgreich bewältigten Besuchs der Schwiegermutter.

Die Dreiecksbeziehung allerdings bringt das alte Gleichgewicht des Paares besonders nachhaltig durcheinander. Denn sie gilt – obwohl heute immer mehr im Bereich des Möglichen oder sogar Wahrscheinlichen – nicht als vorhersehbares Lebensereignis. Man nimmt sie, jedenfalls in der Regel, nicht im gemeinsamen Gespräch vorweg und stellt sich nicht mit konkreten Szenarien darauf ein. Ähnlich wie eine Krebserkrankung oder ein plötzlicher Todesfall bricht sie unvorhersehbar über die Beteiligten herein. Unvorhersehbare kritische Lebensereignisse sind aber viel schwerer zu verkraften. Sie sind »untertypisiert und unterritualisiert«[5]. Die Betroffenen stehen damit allein da. Sie haben dafür keine tröstlichen Sprachfiguren und Rituale, um das, was ihnen widerfahren ist, mit anderen zu teilen, es einzuordnen und zu verarbeiten. Das erhöht den Streß und droht, das alte Gleichgewicht vollends zu kippen.

Dazu kommt, daß heutige Partner – entsprechend ihrem »neoromantischen Liebesideal«[6] – sehr unrealistische Beglückungs- und Befriedigungserwartungen aneinander haben oder lange Zeit in ihrer Ehe gehabt haben, wodurch die Enttäuschung, jedenfalls für den »Betrogenen«, oft ins Überdimensionale steigt. Das, worauf er nahezu alles in seinem Leben gegründet hat, beginnt zu wanken.

Schließlich wird der Streß noch durch die moralische Bewertung der Außenbeziehung erhöht. Nicht vorhersehbare kritische Lebensereignisse – wie Erkrankung oder Tod – sind in der Regel unvermeidbare Schicksalsschläge, eine Außenbeziehung aber entsteht durch eine freie Tat. Daß es eine »existentielle Notwendigkeit« dazu geben könnte, wird nicht anerkannt. Damit kommt das Thema Schuld ins Spiel, und somit haftet der Dreiecksbeziehung trotz aller Liberalisierung und Individualisierung der Geruch des Schändlichen an. Beziehungsdreiecke sind nach wie vor mit moralischen Tabus umgeben, man darf weder als »Täter« noch als »Opfer« darüber offen reden, ohne sich Peinlichkeiten aller Art auszusetzen. Daß dies eine Verarbeitung und Bewältigung oft manchmal nahezu unmöglich macht, liegt auf der Hand. Aus großer Hilflosigkeit heraus stehen dann nur zwei Lösungsmuster nach dem »Alles-oder-Nichts-Prinzip« zur Verfügung: In einer überstürzten Hauruck-Reaktion kappt man entweder die Außen- oder die Ehebeziehung, ohne daß dabei irgendeine der gemachten Erfahrungen auch nur annähernd angemessen ausgewertet oder gar integriert würde.

Aber gerade die Tatsache, daß Außenbeziehungen die Zweierbeziehung so durcheinanderwirbeln, ist andererseits auch eine große Chance – und zwar für alle Beteiligten. »Kritische Lebensereignisse bringen... immer die Aufforderung zu Wandel mit sich«[7].

Das über die Zeit hinweg entstandene Gleichgewicht der ehelichen Dyade ist ja keineswegs immer positiv zu werten. Es kann ein Gleichgewicht der Langeweile, ja des Schreckens sein. Vieles an ursprünglicher Lebendigkeit der beiden Partner ist vielleicht darin aufgerieben worden. Die Triade, die Dreieckskonstellation, lädt zum Aufbruch ein: nicht zur Wiederherstellung der alten und auch nicht zum Sprung kopfüber in eine neue Dyade, sondern zum Aufbruch in ein unbekanntes Land. Daß dieses ein »gelobtes Land« sein kann, wenn alle Beteiligten sich den Erfahrungen ehrlich stellen, die sie auf dem Weg machen werden, das als Möglichkeit zu zeigen, ist das Anliegen dieses Buches.

4. Drei Beispiele

Ich möchte drei Beispiele an den Anfang meiner Erörterungen stellen. Es handelt sich dabei um drei, meiner Erfahrung nach typische, unterschiedliche Konstellationen, die mir in Variationen immer wieder begegnen. Jedem dieser Typen liegt ein reales Paar bzw. Beziehungsdreieck zugrunde, mit dem ich in verschiedenen Kontexten meiner Arbeit zu tun bekommen habe. Ich habe jedoch auch Daten, Zusammenhänge und Ereignisse von anderen, ähnlichen Dreiecksbeziehungen dazugenommen. Dadurch wollte ich das »Typische« des Falles jeweils deutlicher herausarbeiten. Außerdem kommt dies der Nichtidentifizierbarkeit der Fälle zugute, was bei unserem Thema von besonderer Bedeutung ist.

Die drei Paare sind in mehrfacher Hinsicht sehr unterschiedlich. *Theo und Maria*, wie ich die beiden hier nenne, sind das älteste Paar. Theo ist Mitte, Maria Anfang 50. Vom Beruf des Mannes her sind sie dem »technischen Milieu« zuzuordnen, teilen aber das traditionelle Rollen- und Eheverständnis, wie es nach Burkart und Kohli eher für das ländliche und das Arbeitermilieu charakteristisch ist. *Ria und Thomas* sind das jüngste Paar, beide Mitte 30. Sie haben einen sozialen Beruf und vertreten beide entschieden ein progressives Rollen- und Eheverständnis. Ihrer ganzen Lebensauffassung nach sind sie dem Alternativmilieu zuzurechnen. Eine Mittelstellung nehmen *Alf und Dorothea* ein. Zwischen ihnen besteht ein großer Altersunterschied: Alf ist Ende 50, Dorothea Mitte 30. Am Anfang ihrer Ehe hatten beide ein eher traditionelles Rollenverständnis, in der Krise polarisierten sie sich in extreme Positionen. Dorothea bewegte sich auf ein sehr progressives Rollen- und Beziehungsverständnis zu, Alf setzte dem jedoch immer starrer die traditionellen Beziehungswerte entgegen. Alf ist Architekt, Dorothea war zur Zeit der Therapie Studentin. Sie sind am ehesten dem intellektuellen Milieu zuzurechnen.

Ein »klassisches Dreieck«: Theo, Maria und Lilo

Theo (55) ist Wirtschaftsingenieur und Führungskraft im mittleren Management einer großen Firma. Maria (51) ist ausgebildete Lehrerin und übte ihren Beruf auch einige Jahre lang aus. Nach der Geburt des ersten Kindes hörte sie aber zu arbeiten auf, um sich ganz der Kindererziehung und dem Haushalt zu widmen. Die beiden Kinder, zwei Söhne, sind 19 und 23. Der ältere hat das Haus bereits verlassen, der jüngere macht gerade sein Abitur. Theo hatte es im Beruf nicht leicht, er hat sehr gekämpft, um seine heutige Position zu erringen. Auch heute kämpft er immer noch, obwohl keine Gefahr mehr besteht, daß er seine Stellung verliert. Seine Frau hat diesen »Heldenkampf« lange Zeit bedingungslos unterstützt, sie tut es immer noch, aber mit Vorbehalten und wachsendem Ärger, den sie aber selten offen äußert. Weil er kaum Zeit hatte, wurden Kinder und Haus im Laufe der Jahre

allein ihre Sache, und aus einem gewissen Trotz heraus läßt sie ihn
nun auch gar nicht mehr daran teilhaben. Während er »draußen«
sein Reich regiert, errichtet sie das ihre in den vier Wänden des
Hauses. Hier hat allein sie das Sagen. Für Theo ist das bequem,
obwohl er sich andererseits auch ausgeschlossen und abgewertet
fühlt. Äußerlich herrscht meist Stille. Sie tut alles, um ihm den
Rücken freizuhalten. Die Lebensabläufe funktionieren in der materiell abgesicherten Situation reibungslos. Innerlich aber stehen
sie sich immer fremder und feindseliger gegenüber. Jeder behaup-
tet in einem stillen Machtkampf gegenüber dem anderen seine
Position. Keiner läßt sich mehr vom anderen dreinreden. Die
Sexualität empfindet sie immer häufiger als bloßes Abreagieren
seiner Bedürfnisse, und als sie ihm das einmal im Streit an den
Kopf wirft, zieht er sich gekränkt zurück und wird nun auch seinerseits kaum mehr aktiv. So findet zwischen ihnen keine intime Begegnung mehr statt. Maria leidet darunter, daß die Kinder sie immer weniger brauchen, und sie klammert sich mit einer gewissen
Verzweiflung an ihre Tätigkeit im Haus und an die Dienste, die sie
für Theo leistet, denn das ist noch der einzige Inhalt, den ihr Leben hat. In ihrem Alter wieder in ihren Beruf einzusteigen, dazu
fehlt es ihr an Mut. So bleibt sie in ihrem goldenen Käfig äußerlich
zwar aktiv und engagiert, aber immer stärker mit einer inneren
Vorwurfshaltung und einer depressiven Grundstimmung.

In dieser Zeit wird in Theos Firma in der Nachbarabteilung für
Öffentlichkeitsarbeit eine junge, attraktive Mitarbeiterin einge-
stellt. Theo lernt Lilo auf einem Betriebsfest kennen, und beide
verlieben sich ineinander. Theos zurückgedrängte Sexualität
bricht wie eine Sturmflut aus ihm heraus. Aber es ist nicht die
Sexualität allein. Er lernt in dieser Frau eine Welt kennen, die ihm
bisher vollkommen verschlossen schien, eine Welt voll Schönheit,
Genuß, Kunst und Kultur. Dies weckt in ihm Visionen von einem
Leben, in dem nicht mehr alles nur von Arbeit und beruflichem
Erfolg bestimmt sein könnte. Lilo ist für ihn eine ungeheure Herausforderung. Und sie wiederum reizt es ungeheuer, diesen fest-
gefahrenen Mann aus der Reserve zu locken, ihn in Frage zu stel-
len, sich mit ihm und seinen Anschauungen auseinanderzusetzen.
Theo ist fasziniert vom Engagement dieser jungen und attraktiven

Frau für ihn, den Alternden, und so läßt er sich voll auf diese Beziehung ein.

Zuerst will er die Beziehung zu Hause geheimhalten, aber es kommt natürlich heraus. Der völlig veränderte Theo kann es nicht verheimlichen. Maria erlebt ihn so, wie sie sich ihn eigentlich immer gewünscht hat, und genauso ist er jetzt für und durch eine andere Frau. Das verletzt sie tief. Sie reagiert abwechselnd mit aggressiven Ausbrüchen und tiefer Depression. Theo ist so fasziniert, daß er lieber heute als morgen ganz zu seiner Freundin ziehen möchte. Aber er hat Mitleid mit seiner Frau. Er fürchtet, daß sie sich etwas antut, wenn er das in die Tat umsetzt. Dazu kommen seine Schuldgefühle den Kindern gegenüber und die Furcht vor der Reaktion der Freunde, der Nachbarn, der Umwelt. Er will die Beziehung zu Lilo wieder abbrechen, aber er schafft es nicht. Innerlich zerrissen und aufs äußerste angespannt, nimmt er in dieser Situation mit seiner Frau zusammen therapeutische Hilfe in Anspruch.

Theo, Maria und Lilo stellen gewissermaßen das »klassische Dreieck« dar, das rein statistisch heute immer noch das häufigste ist: Der Mann, beruflich etabliert und in einer gefestigten Position, langjährig mit einer nicht berufstätigen und oft auch unausgebildeten Frau verheiratet, mit heranwachsenden oder erwachsenen Kindern, bricht aus einer erkalteten Beziehung aus und geht mit einer sehr viel Jüngeren, die ihm gegenüber oft eine untergeordnete Position einnimmt, eine Außenbeziehung ein, die er zunächst geheimhalten will, weil er sie nur als vorübergehendes Abenteuer verstehen möchte. Aber die Beziehung stellt sich als ernsthafter und umfassender heraus, und somit gelingt die Geheimhaltung nicht und ein Drama mit starken Emotionen, Schuldgefühlen, Trennungs- und Wiedervereinigungsversuchen nimmt seinen Lauf.[8]

Eine Frau »bricht aus«: Alf, Dorothea und Michael

Was an Dorothea und Alf als erstes auffällt ist ihr großer Altersunterschied. Alf ist Ende 50 und gute 20 Jahre älter als Dorothea. Alf war früher schon einmal verheiratet und ist geschieden. Für

Dorothea aber ist er der erste Mann. Sie war seine Schülerin an einer Fachhochschule für Architektur. Alf hielt sie für überdurchschnittlich begabt, sie wurde seine Lieblingsschülerin und seine Geliebte. Die Eltern von Dorothea stemmten sich mit aller Kraft gegen diese Verbindung. Für sie als strenge Christen war sie unmoralisch. Dorothea war in einer schwierigen Situation: Sie hatte eigene starke Zweifel an der Beziehung zu Alf, aber sie konnte sich diese nicht eingestehen. Sie hätte damit der Ansicht ihrer Eltern zugestimmt, und das konnte sie vor allem ihrem Vater gegenüber nicht, weil sie sich zum damaligen Zeitpunkt gerade in einem heftigen Ablösungsprozeß von ihm befand. Sie hätte ihm gegenüber dadurch klein beigegeben. So stimmte sie dem Drängen von Alf zu, und sie heirateten. Als sie durch diesen radikalen Schritt ihre Zweifel »überwunden« oder vielmehr überspielt hatte, wollte sie den begonnenen Weg ganz gehen und auch mehrere Kinder mit ihm haben. Alf, der bereits Kinder aus erster Ehe hatte, sträubte sich zunächst, ließ sich aber schließlich überreden. Dorothea brach ihr Studium ohne Abschluß ab. Das Kind kam ihr ganz gelegen. Obwohl Alf von Dorotheas Begabung schwärmte, hatte sie doch immer das Gefühl, eigentlich nicht gut genug zu sein. Alf drängte sie weiterzumachen, auch als das zweite Kind da war, aber Dorothea weigerte sich. Was sie an Ideen und Lösungen produzierte, das konnte Alf im Vergleich zu ihr immer schon viel besser. So gab sie es auf, sich auf diesem Gebiet noch weiter zu betätigen. Alf bemühte sich sehr um seine junge Frau. Sie allerdings erlebte ihn im Laufe der Zeit immer bestimmender und einengender, so daß es ihr die Luft abzudrücken drohte. Er war zwar bereit, über alles mit ihr zu reden, aber er gab nicht eher Ruhe, bis sie sich seiner Meinung angeschlossen hatte. Dann glaubte er zwar, er hätte Dorothea überzeugt, in Wirklichkeit aber hatte sie, oft ohne es selber zu merken, nur nachgegeben, weil ihr die Puste ausgegangen war. Als die Kinder – es waren inzwischen drei – aus dem Gröbsten heraus waren, spürte Dorothea deutlich, daß sie etwas für sich tun mußte. Das Gefühl, sich immer mehr zu verlieren, wurde so stark, daß sie sich entschloß, wieder ein Studium aufzunehmen, allerdings – um sich Alfs Einfluß zu entziehen – auf einem ganz anderen Gebiet.

Alf wehrte sich zunächst gegen diese neuerliche Kursänderung heftig, schließlich war es ja ihr Wunsch gewesen, das erste Studium abzubrechen und Mutter zu werden! Jetzt sollte sie diese Rolle auch wirklich ausfüllen. Aber da er noch immer willens war, seine Frau zu fördern, stimmte er schließlich zu. An der Universität lernte Dorothea Michael kennen. Er war genau so alt wie sie und hatte ebenfalls in fortgeschrittenem Alter ein Studium begonnen. Er war gerade erst geschieden und auf der Suche nach sich selbst. Zunächst blieb es eine »platonische« Beziehung, allerdings eine, die Dorothea so tief bewegte, daß Alf aufs äußerste beunruhigt wurde. In dieser Lage drängte er darauf, mit Dorothea eine Paartherapie zu machen.

Dorothea war sehr bereit (zu bereit?), mit Alf klare Begrenzungen für die Beziehung zu Michael auszuhandeln. Alf wiederum bemühte sich, Dorothea mehr loszulassen und ihr mehr Spielraum zu geben. Aber beides stellte sich bald lediglich als eine vorübergehende Lösung ohne wirkliche Veränderung heraus. Die emotionale Bindung Dorotheas an Michael war stärker als ihr guter Wille. Alf spürte das und wurde trotz gegenteiliger Beteuerung immer zwingender und einengender. Das wiederum verstärkte Dorotheas Sehnsucht nach Michael, bei dem sie sich frei fühlen konnte. Schließlich kam es, wie es kommen mußte: Sie warf alle in der Therapie gemachten Zusagen über Bord, durchbrach die selbst gezogenen Grenzen, und ließ sich auch sexuell mit Michael ein.

Für Alf war dies eine emotionale Katastrophe. So sehr er sich um Verständnis bemühte, es war für ihn ein Schock. Um sich davor zu schützen, griff er zum Mittel der moralischen Verurteilung. Er nannte sie eine rücksichtslose Egoistin, bereit, für ihre »Selbstverwirklichung« über Leichen zu gehen. Damit drängte er Dorothea in eine Ecke, in der sie es nicht mehr länger aushielt, so daß sie sich zum Auszug entschloß, obwohl das bedeutete, die Kinder zurückzulassen. Für sie sollte das aber noch keine endgültige Trennung sein. Sie wollte weiter in der Therapie die Situation mit Alf klären, um eine Entscheidung zu treffen. Alf allerdings brach an dieser Stelle die Therapie ab und betrachtete die Trennung als endgültig.

Vom »klassischen Dreieck« unterscheidet sich diese Konstellation vor allem dadurch, daß es hier die Frau ist, die aus einer bestehenden Beziehung ausbricht. Der Ablauf zwischen Alf, Dorothea und Michael scheint mir in mehrfacher Hinsicht für die heutige Situation typisch. Die Frau in der Rolle der »Untreuen« wäre bis vor wenigen Jahrzehnten noch undenkbar gewesen, weil das »Fremdgehen« für Frauen und Männer moralisch völlig unterschiedlich bewertet wurde. Bei Männern war es ein verzeihlicher Fehltritt, bei Frauen ein unverzeihliches Verbrechen. Daß dies heute anders geworden ist, dafür ist Dorothea ein Beispiel. Dennoch scheint die alte Wertung allen Beteiligten noch tief in den Knochen zu stecken. Der Ausbruch von Dorothea aktiviert bei Alf – wie bei vielen seiner Schicksalsgefährten – die ältesten Denk- und Beurteilungsmuster. Dorothea vergeht sich in seinen Augen nicht nur als Mutter an den gemeinsamen Kindern, sie begibt sich für ihn auch in einer völlig unverantwortlichen und rücksichtslosen Weise auf einen extremen Ego-Trip. Dies macht es ihm besonders schwer, wie das bei Männern, deren Frauen »untreu« werden, oft der Fall ist, aus dem Geschehen für sich selbst und die Beziehung zu lernen.

Typisch, wenn auch extrem, scheint mir in unserem Beispiel die Situation von Dorothea zu sein: Sie hat es versäumt, eine eigene berufliche Identität zu entwickeln, bevor sie heiratete und Kinder bekam. Frauen, die in der Mutter- und Hausfrauenrolle aufgehen, bevor sie nicht wenigstens erste Schritte in einen eigenen Beruf getan haben, geraten heutzutage fast unvermeidlich in eine existentielle Selbstfindungskrise. Nicht selten macht dann eine Außenbeziehung dies zum Thema und zum Beginn einer radikalen Veränderung der gesamten Lebenssituation.

Ein »modernes Dreieck«: Thomas, Ria und Armin

Ria und Thomas – beide 33 – sind seit fünf Jahren ein Paar. Sie haben einen vierjährigen Sohn, den beide wollten, ohne den sie aber keinen Anlaß gesehen hätten, formell zu heiraten. Ria ist Krankengymnastin und führt eine kleine, gutgehende Praxis. Das ist auch der Grund, warum Thomas seine Sozialarbeiterstelle in der Drogenberatung auf Teilzeit reduziert hat. Beide wollen sich Haushalt und Erziehung teilen, und weil Ria mehr Freude am Beruf hat als Thomas, haben sie diese Lösung gewählt. So entspricht es aber auch ihrer Überzeugung. Sie wollen nicht den alten Rollenbildern und Aufgabenverteilungen folgen, sondern etwas Neues verwirklichen. Thomas will ein »neuer Mann« sein, und er versorgt Kind und Haushalt mit Kompetenz und Engagement. Er ist überhaupt ein lieber, fürsorglicher Vater und Partner, der die Tüchtigkeit seiner Frau bewundert und sie gerne umsorgt, wenn sie erschöpft nach Hause kommt.

Ria hat das zunächst genossen. In letzter Zeit jedoch wünscht sie sich immer öfter, nicht nur umsorgt zu werden. Mehr und mehr fehlt ihr, daß Thomas sie aus ihrem täglichen Ablauf mal rausholt, und Ungewohntes mit ihr unternimmt. Auch im Bett wünscht sie sich mehr Intensität und Initiative von seiner Seite. Thomas ist lieb, nimmt Rücksicht, läßt sie in Ruhe. Aber eigentlich würde sie gerade brauchen, daß er sich manchmal über ihr Zögern hinwegsetzt, seine Bedürfnisse intensiver anmeldet und sie in seinen Schwung mit hineinnimmt. Auf einem Fortbildungsseminar lernt sie Armin, einen etwas älteren Kollegen kennen. Von der Eindeutigkeit, mit der dieser auf sie zukommt, fühlt sie sich überwältigt. Ohne einen klaren Entschluß ihrerseits landet sie bei ihm im Bett. Ria erlebt mit ihm eine Sexualität, die sie zuvor nicht gekannt hat. Sie hat den Eindruck, sich in den Armen von Armin überhaupt erst als Frau kennenzulernen. Doch stürzt sie das in ein großes Dilemma. Sie kann sich gar keinen idealeren Ehemann als Thomas vorstellen. Und doch erlebt sie sich mit diesem Armin, den sie sich als Partner nie vorstellen könnte, der mit seinen machohaften Zügen ihrer eigenen Orientierung diametral widerspricht, in einer Weise erlebnisfähig, wie sie sich das mit Thomas nie hat träumen lassen.

Ria und Thomas haben am Anfang ihrer Beziehung »totale Offenheit« vereinbart. Eine von vornherein festgelegte Ausschließlichkeit in der Beziehung sollte es nicht geben. Doch wenn »es passierte«, wollten sie es sich gegenseitig sagen und offen damit umgehen. Deshalb eröffnet Ria, so schwer es ihr fällt, Thomas sofort, was passiert ist. Thomas verträgt diese Offenheit schlecht.

Er bricht zusammen, weint tagelang wie ein verlassenes Kind. Für Ria ist das ein Schock, denn es entspricht so gar nicht der vereinbarten Großzügigkeit. Sie bekommt schwere Schuldgefühle und verspricht, die Beziehung sofort abzubrechen. Das Problem ist nur, daß sie Armin wiedersehen wird, denn die Fortbildung erstreckt sich über mehrere Kurse. Und im nächsten Kurs ist es wieder genau dasselbe. Ria landet wieder im Bett von Armin, denn dieser kümmert sich wenig um ihre Versuche, Distanz zu halten, und sie kann ihm nicht widerstehen.

Nach diesem »Rückfall« bringt es Ria nun nicht mehr fertig, Thomas die Wahrheit zu sagen, so sehr es beider Vorsätze und Überzeugung widerspricht. Sie lügt ihm vor, die Beziehung bestünde nur noch auf einer kollegial-freundschaftlichen Ebene. In Wirklichkeit trifft sie sich weiter mit Armin. Aber ihre heimlichen Erlebnisse von Lust und Leidenschaft wirken sich in der Beziehung zu Thomas nicht schlecht aus. Die Sexualität des Paares profitiert davon sogar erheblich. Thomas ist durch das Auftauchen des »Rivalen« aufgewacht, er wird plötzlich aktiv und initiativ, und die Beziehung der beiden wird insgesamt so lebendig wie nie zuvor. Ria hat den Eindruck, Thomas wolle es gar nicht wissen, wie sich ihr Verhältnis zu Armin weiter gestaltet. Er vermeidet es sorgfältig, jemals danach zu fragen. Armin bleibt als Thema ausgespart. Freilich beruhigen alle diese Tatsachen Ria nur vorübergehend. Das Doppelspiel macht ihr, je länger es anhält, ein um so schlechteres Gewissen und drängt sie immer stärker dazu, klare Verhältnisse zu schaffen. In dieser Situation und mit diesem Anliegen nimmt sie an einem Seminar über Dreiecksbeziehungen teil – und hier werde ich mit ihrem »Fall« bekannt.

Bei Thomas, Ria und Armin handelt es sich im Unterschied zum »klassischen Dreieck« um das typische moderne oder postmoderne Dreieck. Die Ehepartner vertreten entschieden ein alternativ-progressives Beziehungsideal. Formell geheiratet haben sie nur wegen des Kindes, ansonsten hätten sie keine Veranlassung dazu gesehen. Sie haben auch den Anspruch auf Ausschließlichkeit – jedenfalls als Grundsatz – aufgegeben. Sie rechnen damit, daß Außenbeziehungen vorkommen können, vielleicht unter gewissen Umständen sogar vorkommen müssen. Sie haben Offenheit vereinbart und gehen von dem Anspruch aus, daß es im Ernstfall eine verständnisvolle und tolerante Auseinandersetzung zwischen ihnen geben würde. Theoretisch ist ihr Beziehungsmodell das des »Liebespaares auf Zeit«.[9] Aber trotz dieser progressiven Ideologie gerät Thomas völlig aus dem Gleichgewicht, und empfindet Ria ihren Schritt als schwere Schuld an Thomas. Damit können die beiden sehr schlecht umgehen, und sie greifen auf Bewältigungsstrategien zurück, die mit ihrer gesamten Lebensauffassung nicht vereinbar scheinen. Thomas schaut weg und verdrängt, Ria verheimlicht und fängt an zu schwindeln. Damit gerät sie in einen tiefen Zwiespalt mit sich selbst, mit dem sie nicht mehr zurechtkommt.

Die hier beschriebenen Dreiecksbeziehungen werden uns im folgenden durch das Buch begleiten. Was ich an theoretischen Sichtweisen und praktischen Hinweisen anführen möchte, werde ich immer wieder an diesen drei Beispielen veranschaulichen. Damit verfolge ich zwei Anliegen: Durch die Unterschiedlichkeit der Beispiele möchte ich der Vielfalt möglicher Konstellationen gerecht werden, ohne in zu große Unübersichtlichkeit zu geraten. Durch die Begrenzung auf drei typische Dreiecksmuster wiederum möchte ich eine gewisse Übersichtlichkeit wahren und Orientierung ermöglichen, ohne zu stark zu vereinfachen.

5. Beschreibungen von Dreiecks-Konstellationen

Maria und Theo, Dorothea und Alf sowie Ria und Thomas haben eines gemeinsam: Eine Außenbeziehung stürzt sie alle in eine tiefe Krise. Jeder Versuch, eine Krise zu bewältigen, beginnt damit, daß die Betroffenen das Lebensereignis, das die Krise ausgelöst hat und ausmacht, in irgendeiner Weise zu beschreiben versuchen. Das Ereignis gibt es ja nie »an sich«, sondern jeder der Betroffenen beschreibt es auf eine bestimmte, persönliche Art. Die Art und Weise, wie das Ereignis beschrieben wird, hat eine enorme Bedeutung für den Bewältigungsprozeß. Denn jede Beschreibung legt eine bestimmte Sichtweise und Interpretation des

Geschehenen fest. Damit aber werden bestimmte Möglichkeiten, das Problem zu lösen, nahegelegt, andere wiederum geraten aus dem Blick und werden ausgeschlossen. So ist es von großer Bedeutung, wie die jeweils betroffenen Beteiligten am Dreiecksgeschehen dieses ausdrücklich oder andeutungsweise beschreiben.

Grundsätzlich sind mir in meiner Arbeit fünf unterschiedliche Beschreibungsmuster begegnet, die teils aus den »common sense« stammen, teils von den Betroffenen aus der Lektüre von Büchern oder früheren Therapieerfahrungen übernommen wurden. Ich will sie hier kurz charakterisieren und in diesem Zusammenhang wieder auf die geschilderten »Dreiecksgeschichten« zurückgreifen.

Moralisierende Beschreibungen

Moralisierende Beschreibungen operieren mit eindeutigen Schuldzuweisungen. Den Beteiligten werden die Rollen von Tätern und Opfern zugewiesen. Opfer ist immer der »Betrogene«, der damit auch zum Unschuldigen erklärt wird, und dem schweres Unrecht geschieht. Mit der Zuweisung der Täterrolle wird unterschiedlich umgegangen. Entweder wird sie dem »Untreuen« *und* dem/der Geliebten zugewiesen, oder aber mehr oder weniger ausschließlich dem/der Geliebten. Beim »klassischen Dreieck« entsteht so das typische Bild: Die junge Frau ist die raffinierte Verführerin, die der rechtschaffenen Ehefrau den Mann »abspenstig« macht. Der Mann wird in Liebesdingen als eher naiv und in erotisch-sexueller Hinsicht als »schwach« angesehen – und dies von Natur aus. Diese Schwäche nützt die Verführerin aus. Der Mann ist also in der ganzen Angelegenheit ebenfalls Opfer. Eine derartige Beschreibung hat viele Vorteile. Sie verhindert, daß die Achse zwischen Ehemann und Ehefrau zerbricht. Beide werden ja zu Opfern einer schlimmen Verführerin. Die Ehefrau kann Verständnis mit ihrem schwachen Mann haben und im Stillen sogar stolz darauf sein, wie potent er ist. Damit schützt diese Beschreibung wirkungsvoll das eheliche Band, allerdings um den Preis, daß alle Schuld auf die Geliebte abgeladen wird. Sie wird zum Sündenbock gestempelt, der wie in archaischen Zeiten mit der Schuld beladen und »in die Wüste gejagt« wird.

Moralisierende Beschreibungen haben immer zum Ziel, den *alten* Zustand *vor* der Dreiecksbeziehung wieder herzustellen. Die Verführerin muß »weg«, der Verführte wieder »zurück«. Eine Krisenbewältigung im Sinne einer Weiterentwicklung durch Integration des kritischen Lebensereignisses in die bestehende Paarbeziehung bleibt dabei ausgeschlossen. Es handelt sich also dabei um den Versuch, das kritische Lebensereignis sozusagen ungeschehen zu machen. Paare oder Partner mit traditionellem Rollen- und Beziehungsmodell neigen zu dieser Beschreibung, zu der ein moralisch und weltanschaulich begründeter Ausschließlichkeitsanspruch der Ehebeziehung wesentlich dazugehört. Wir begegnen solch moralisierenden Beschreibungen in unserem ersten Beispiel bei Theo und Maria und in unserem zweiten bei Alf.

In beiden Fällen wird noch etwas anderes deutlich: Maria und Alf sind die »Betrogenen«. Diese haben es in Dreieckskonstellationen besonders schwer. Darum neigen sie generell zur moralisierenden Beschreibung, selbst dann, wenn sie theoretisch zu ihrem sonst vertretenen Beziehungsmodell ganz und gar nicht paßt. Maria ist die typische »betrogene« Ehefrau. Sie hat sich jahrzehntelang eingesetzt und auf ein eigenes Leben und eigene berufliche Wünsche verzichtet. Sie hat sich ihrem Ehemann Theo gegenüber ganz in den Hintergrund gestellt. Und jetzt, da ihr Werk getan ist und sie mit leeren Händen dasteht, »betrügt« Theo sie mit einer anderen! Ihre Beschreibung bietet die Möglichkeit, dieses Unrecht mit dem ganzen Gewicht der Moral und der christlichen Weltanschauung anzuprangern. Maria kann sich damit als sich selbst aufopfernde Unschuldige wenigstens ein wenig vor der tiefen Verletzung schützen.

Alf wiederum ist der typische »betrogene Ehemann«. Seine tiefe Verletzung durch Dorotheas Untreue kann er ein wenig kompensieren, indem er sie als schlechte Mutter, als Egoistin, als rücksichtslose Selbstverwirklichungs-Fanatikerin anklagt. Auch ihm hilft die moralisierende Beschreibung, ein Stück Selbstachtung zu bewahren. Je verletzender die »Untreue« des Partners erfahren wird, je mehr sie dem »Betrogenen« den Boden unter den Füßen wegzieht, je tiefer er dadurch in Verzweiflung und Hilflosigkeit zu stürzen droht, desto wichtiger und hilfreicher wird für die Betroffenen die moralisierende Beschreibung. Wenn man wenigstens die Moral auf seiner Seite hat, ist man nicht mehr so katastrophal allein, wie man sich in seiner Verlassenheit im Grunde fühlt. Diese stabilisierende Funktion der moralisierenden Beschreibung gilt es beim Umgang mit »Betrogenen« zu beachten. Sie hat eine Ich-stützende Wirkung. Freilich hindert sie die Betroffenen daran, ihren eigenen Anteil am Geschehen und ihre eigene darin enthaltene Entwicklungschance wahrzunehmen. Dies ist vor allem bei Alf zu beobachten, der sich immer mehr in seiner Selbstgerechtigkeit verhärtete. Maria dagegen schaffte es, die moralisierende Beschreibung aufzugeben und das Geschehen schließlich als eine eigene Entwicklungschance zu begreifen.

Allerdings scheint mir das Bedürfnis nach Ich-Stützung beim »Betrogenen« keine vollständig ausreichende Erklärung dafür zu sein, daß moralisierende Erklärungsmuster heute noch immer sehr häufig verwendet werden, obwohl die dazugehörigen weltanschaulichen Hintergründe sich weithin aufgelöst haben. Dafür gibt es wohl noch einen tieferen Grund. In der »Untreue« wird eine grundlegende Erfahrung gemacht, die durch nichts wegzudiskutieren ist: die Erfahrung von Schuld. Der »Untreue« fühlt sich schuldig, weil er aus der bestehenden Beziehung ausbricht, und der/die Geliebte fühlt sich schuldig, weil er/sie in eine bestehende Beziehung »einbricht«. Beide empfinden dies als Verrat am Dritten, auch wenn sie noch so viele moderne Argumente für ihr Verhalten anführen können. Um was für eine Schulderfahrung handelt es sich hier? Ich habe zwei Erklärungsmuster gefunden, die mir einleuchten. Rosmarie Welter-Enderlin[10] weist darauf hin, daß jede Außenbeziehung, auch wenn sie aus einer noch so desolaten Beziehungssituation heraus eingegangen wird, einen Verrat an der ursprünglichen »Paar-Utopie« darstellt, von der die beiden Partner inspiriert waren, als sie sich kennenlernten. Die Außenbeziehung zerstört diese Utopie und macht sie – vielleicht endgültig – zur Illusion. Möglicherweise ist dies sogar ein notwendiger Prozeß, aber er wird als schuldhaft erlebt, weil etwas zerstört wird, was bisher ein wichtiges gemeinsames Fundament des Paares war.

Eine zweite Erklärung legt Bert Hellinger[11] nahe. Nach ihm gibt es in menschlichen Beziehungsgefügen bestimmte Ordnungs-

Strukturen, und im Gewissen der Beziehungspartner spiegeln sich diese »Ordnungen der Liebe« wider. Durch eine Außenbeziehung werden sie gestört, und das Gewissen der Beteiligten reagiert entsprechend darauf mit dem Gefühl von Schuld. Auch nach Hellinger kann es unter bestimmten Umständen sogar notwendig sein, diese Gesetzmäßigkeiten zu mißachten und gegen die Ordnung zu verstoßen. Dennoch reagiert das Gewissen wie eine Art Gleichgewichtssinn in einem System und signalisiert die Gefährdung des Bisherigen durch das Gefühl von Schuld.

Die Erfahrung von Schuld im Zusammenhang mit Außenbeziehungen hat also tiefere Gründe als lediglich die Erziehung im Rahmen einer christlich-moralisch geprägten Weltanschauung. Beim Umgang mit Dreiecksbeziehungen ist es wichtig, dies ernstzunehmen und etwaigen Bagatellisierungstendenzen entgegenzutreten.

Bagatellisierende Beschreibungen

Bagatellisierende Beschreibungen sind als Gegenreaktion gegen die moralisierenden zu verstehen. Sie lehnen den Anspruch auf Ausschließlichkeit in der Geschlechterliebe als quasi unnatürlich ab. Die Argumente dazu liefern die verschiedensten popularisierten Theorien aus der humanistischen Psychologie, dem Existentialismus, der Verhaltensbiologie usw. Die »Treue zu sich selbst« hat eindeutig Vorrang vor der »Treue zum anderen«. Wenn sich ein sexueller Kontakt im »Hier und Jetzt« emotional ergibt, dann muß er auch gelebt werden. Und was daraus entsteht, bleibt der weiteren Entwicklung überlassen. Wie es dem »betrogenen« Partner geht, und was der Treuebruch bei ihm auslöst, ist dessen Problem. Es bleibt seine Sache, das zu bearbeiten. Diese Haltung ist typisch für das Beziehungsmodell des »Liebespaares auf Zeit«, wie es nach Burkart und Kohli im alternativen Milieu vertreten wird.[12]

Wenn Dreiecksbeziehungen aus diesem Blickwinkel beschrieben werden, ist die daraus folgende Bewältigungsstrategie entweder Trennung oder Tolerierung oder sogar der Versuch einer offen gelebten Dreierbeziehung. Im Fall der Trennung bedeutet dies, daß der »Untreue« mit dem/der Geliebten zu einem neuen

»Liebespaar auf Zeit« wird. Die Problematik, die sich daraus ergibt, wenn Kinder vorhanden sind, versucht man durch eine strikte Trennung von Paarebene und Elternebene zu lösen. Die Eltern sollen ihre Verantwortung gegenüber den Kindern weiterhin wahrnehmen, auch wenn sie mit anderen Partnern zusammenleben.

Im Fall der Tolerierung akzeptieren beide Partner die Außenbeziehung bzw. die Außenbeziehungen des anderen als etwas Normales. Schwierigkeiten und Probleme, die sie damit haben, interpretieren sie als unangemessenes Besitzdenken, und sie verlangen von sich, daran zu arbeiten, sich von solchen Einstellungen zu lösen.

Die dritte Möglichkeit, die aus der bagatellisierenden Beschreibung folgt, ist der Versuch, das Dreieck offen zu leben. Der Ehepartner kennt den/die Geliebte, unterhält mit ihm Kontakt, oder sie leben sogar zu dritt in einem Haushalt. Auf die Problematik dieser Konstellation möchte ich später noch eingehen.

In unseren Beispielen entspricht die Auffassung Rias und Thomas' – jedenfalls theoretisch – am ehesten der »bagatellisierenden Beschreibung«. Die beiden haben am Beginn ihrer Beziehung auf einen Ausschließlichkeitsanspruch ausdrücklich verzichtet und vereinbart, offen mit der Situation des Dreiecks umzugehen, wenn sie denn eintreten sollte. Diese Absicht läßt sich bei ihnen aber nicht wirklich durchhalten. Für Beziehungen, für die bagatellisierende Beschreibungsmuster verwendet werden, scheint mir das symptomatisch zu sein. Die entsprechenden Bewältigungsstrategien überfordern die Beteiligten, so daß dann oft unvermittelt zu Bewältigungsstrategien gegriffen wird, die der moralisierenden Sichtweise entsprechen.

Bagatellisierende Beschreibungen wollen den Menschen von der Last einer formalistischen Moral befreien. Dabei werden sie aber der existentiellen Betroffenheit, die das Ereignis einer Außenbeziehung bei den Beteiligten auslöst, nicht gerecht. Sie sind ein Versuch, dem kritischen Lebensereignis den Krisencharakter zu nehmen. Das kann aber nicht gelingen, denn auf der affektiven Seite steht dem eine völlig andere Erfahrung entgegen.

Pathologisierende Beschreibungen

Pathologisierende Beschreibungen führen das Dreiecksgeschehen auf seelische Entwicklungsdefizite eines oder mehrerer Beteiligter zurück. Zum Beispiel: Die Geliebte ist aufgrund frustrierender frühkindlicher Beziehungserlebnisse unfähig, sich an einen Mann zu binden, darum macht sie sich an verheiratete Männer heran, weil diese sie vor der Frage nach einer festen Bindung schützen. Oder: Der »untreue« Ehemann hat aufgrund seiner frühen Mutterproblematik Angst vor starken Frauen und weicht darum immer wieder auf junge, kindliche Frauen aus, um sich durch sie als Mann fühlen zu können.

Es besteht kein Zweifel, daß derartige Problemzusammenhänge in Dreiecksbeziehungen eine Rolle spielen können. Später werden wir ausführlich darauf zurückkommen. Oft allerdings liegt in der Art, wie solche Beschreibungsmuster verwendet werden, eine verborgene Absicht: Meist bezieht sich die Pathologisierung auf den/die Geliebte bzw. den/die »Untreuen/Untreue«. Deren psychische Defekte sind die Ursache der Untreue. Der/die »Treue« wird meist von der Pathologisierung ausgenommen. Unschwer ist zu erkennen, daß dieses Beschreibungsmuster lediglich eine moderne, psychoanalytisch verbrämte Variante des moralisierenden Beschreibungstypus ist. Meist wird sie auch von den »Treuen« und ihren Verbündeten – Ärzten, Beratern und Freunden – verwendet. So vermag sie Trost zu spenden und das vernichtete Selbstwertgefühl des »Treuen« wieder aufzurichten, allerdings eben auf Kosten der anderen beiden im Dreieck, die zwar dann nicht direkt als böse dastehen, jedoch als defekt und psychisch gestört. Eine Mitbeteiligung des/der »Treuen« am Geschehen wird, wie in der moralisierenden Beschreibung, ausgeblendet. Vielmehr wird die Dreiecksbeziehung als unverdientes Schicksal, das diesen aus heiterem Himmel trifft, verstanden. Der/die »Untreue« soll damit aufgefordert werden, schleunigst Therapie zu machen, damit er Außenbeziehungen nicht mehr nötig habe. Meist allerdings weigert sich dieser, weil er in der Pathologisierung die Schuldzuschreibung spürt.

Zur pathologisierenden Beschreibung wird nach meiner Erfahrung vor allem im intellektuellen Milieu gegriffen. Man verwendet dafür eine popularisierte Tiefenpsychologie, verbündet sich mit deren Hilfe blind mit dem Opfer und blendet das Zusammenspiel aller Beteiligten am Geschehen aus.

Freilich bleibt festzuhalten, daß die Beziehungskonstellationen, welche die Beteiligten in ihren Herkunftsfamilien erlebt haben, im Dreiecksgeschehen immer eine große Rolle spielen. Sie dürfen allerdings nicht monokausal, d. h. als einliniges Ursache-Wirkungs-Verhältnis gesehen und damit zu Lasten des/der »Untreuen« eingesetzt werden. Ich werde mich in Kapitel 4 ausführlich mit diesem Thema befassen.

Funktionalisierende Beschreibungen

Diese Beschreibungen lehnen einen monokausalen, einlinigen Ursache-Wirkungs-Zusammenhang ab. Die Entstehung der Dreiecksbeziehung wird nicht aus der Unmoral oder den psychischen Defiziten von Beteiligten erklärt, sondern aus dem Zusammenspiel aller Drei. So soll vermieden werden, an einer bestimmten Stelle *eine* Ursache für die Außenbeziehung festzumachen und damit einen – moralischen oder psychologischen – Sündenbock zu produzieren. Das Beschreibungsmuster lautet etwa folgendermaßen:

A und B (das Ehepaar) unterhalten eine derartige Beziehung, daß sie C, den Geliebten/die Geliebte, »brauchen«, um ein gefährdetes Gleichgewicht in ihrer Beziehung wieder herzustellen. Zum Beispiel: Eine Ehefrau reagiert auf die Unterdrückungstendenzen ihres Ehemannes mit sexueller Verweigerung, wodurch in der Beziehung eine uneingestandene, innere Trennungstendenz wirksam wird. Damit es nicht zu einer wirklichen Trennung kommt, die beide fürchten, geht der Ehemann eine Außenbeziehung ein. Dadurch werden nun seine sexuellen Bedürfnisse gestillt, die Gefährdung der Trennungstendenz wird abgebaut. Die Geliebte stabilisiert damit das Ehesystem. In dieser Sicht »braucht« das Ehepaar die Außenbeziehung. Deren plötzlicher Abbruch würde die Eheleute wieder mit ihrem Problem konfrontieren. Darum wird das eventuelle Leid, das die Außenbeziehung bringt, in Kauf genommen, weil es geringer zu veranschlagen ist als das Leid, das eine eventuelle Trennung aufgrund der geschilderten Beziehungsprobleme bringen würde. Der Eindruck ist nicht von der Hand zu weisen, daß nach diesem Muster das Dreieck Theo, Maria und Lilo – jedenfalls in der Anfangsphase – angemessen beschrieben werden kann.

In diesem Beschreibungsmuster wird die Mitbeteiligung aller Drei gesehen. Es wird betont, daß auch der »Treue« ein »geheimes Interesse« an der Außenbeziehung hat, und daß er mithilft, daß sie zustandekommt und aufrecht erhalten wird. Anders als die moralisierende oder einseitig pathologisierende Beschreibung entspricht die funktionalisierende in mehrfacher Hinsicht eher dem, was in Dreiecksbeziehungen tatsächlich geschieht. Durch das Vermeiden von Schuldzuschreibungen wird niemand ins Abseits gestellt. Das ist ein großer Vorteil. Auch ich werde bei der Interpretation der vorangegangenen Beispiele immer wieder auf solche wechselseitigen Zusammenhänge und Interdependenzen hinweisen. Als ausschließliche Perspektive ist jedoch auch die funktionalisierende Beschreibungsweise nicht ausreichend, und zwar aus mehreren Gründen: Auch hier gibt es die Tendenz, das kritische Lebensereignis seines Krisencharakters zu berauben. Das Dreiecksgeschehen wird eher als Bewältigungsversuch einer Krise gesehen denn als Krise selbst. Damit wird das Beschreibungsmuster den Erfahrungen der Beteiligten jedoch nicht gerecht.

Die funktionalisierende Beschreibungsweise tendiert dazu, die Beteiligten als quasi automatisch agierende Bestandteile eines größeren Ganzen, des »Systems«, zu sehen, und nicht mehr als eigenverantwortlich autonome Individuen. In der funktionalisierenden Sicht ist es die Tendenz zur Aufrechterhaltung der Stabilität, die sich in jeder menschlichen Beziehungskonstellation findet, welche dem einzelnen das Handeln diktiert. Aber auch dies wird dem Erleben des einzelnen und seiner Eigenverantwortlichkeit nicht gerecht. Der/die »Treue« fühlt sich dadurch in seinem echten Willen und redlichen Bemühen um eine gute Beziehung nicht gewürdigt. Seine angebliche Mitbeteiligung erscheint ihm als Unterstellung und Verdächtigung. Dagegen wird der/die »Untreue«

in dieser Sicht von der Verantwortung für sein Tun entlastet, was zwar gern als Entschuldigung benützt wird, aber nicht dem Erleben entspricht. Die Schuldgefühle von Ria gegenüber Thomas nach ihrem »Seitensprung« können sicher nicht allein auf die »moralisierende Wirklichkeitskonstruktion« des Paares zurückgeführt werden, die man einfach ablegen kann, wenn man das ganze Geschehen »neu definiert«.

Die funktionalisierende Beschreibungsweise kann ihrerseits wieder leicht zu einer Art von monokausaler und damit schuldzuschreibender Betrachtungsweise führen: Die »Ursache« der Außenbeziehung wird in der schlechten Qualität der Ehebeziehung gesehen. Diese wirkt sozusagen wie ein Sog, der einen Dritten mit ins Spiel zieht. So kann sich dieser dann leicht als das Opfer der schlechten Beziehung definieren, für die er »gebraucht« und »ausgebeutet« wird. Zahlreiche Äußerungen von »Geliebten« in verschiedenen Veröffentlichungen der letzten Jahre haben diesen Grundtenor. Damit aber wird der Spieß der Schuldzuschreibung lediglich umgedreht.

Die funktionalisierende Betrachtungsweise betont die »Notwendigkeit« der Außenbeziehung, um das Gleichgewicht einer gestörten Partnerschaft wieder herzustellen. Diese Perspektive ist, wie wir gesehen haben, manchmal angemessen, sehr oft aber reicht sie nicht aus. Menschliche Systeme tendieren nicht zu einem statischen Gleichgewicht, wie es hier postuliert wird, sondern zu einem dynamischen »Fließgleichgewicht«. Dieses erhält sich nur in einem Prozeß ständiger Transformation. Gerade dann, wenn Ehebeziehungen in ungutem Gleichgewicht zu erstarren drohen, wird eine Außenbeziehung zu dem Versuch, diese Erstarrung aufzulösen und einen Transformationsprozeß zu einem neuen und angemessenen Gleichgewicht hin in Gang zu bringen. Dieses Moment geht in der funktionalisierenden Beschreibung verloren. In extremer Form führt sie darum zu einer gewissen zynischen Einstellung: Alles was geschieht, geschieht mit einer gewissen Notwendigkeit, es gibt keinen Grund, sich aufzuregen, sich zu beschuldigen oder sich zu entschuldigen – und schließlich gibt es eigentlich keinen Grund, irgend etwas zu verändern. Die Dinge nehmen den Lauf, den sie quasi naturgegeben nehmen müssen.

Entwicklungsorientierte Beschreibungen

Diese sehen im kritischen Lebensereignis der Dreiecksbeziehung eine »Aufforderung zum Wandel«.[13] Das alte Gleichgewicht soll aufgehoben werden zugunsten eines Wandlungsprozesses, der zu einem neuen Gleichgewicht führt, das in der Krise zwar noch nicht bekannt, geschweige denn erreicht ist, das aber der geheime Motor ist, der zur gegenwärtigen Krise antreibt. Das Dreiecksgeschehen wird so zum »Vorboten von Wandel«.[14] Diese Beschreibung geht an das kritische Lebensereignis mit der Frage heran, »Wozu wird diese Krise einmal gut gewesen sein?«[15] Da ich mich dieser Sichtweise anschließe, will ich sie im folgenden näher beschreiben.

6. Die Beschreibung als Bewältigung

Die bisher beschriebenen Sichtweisen betonen alle ein wichtiges Element für das Verständnis dessen, was in Dreiecksbeziehungen geschieht. Dennoch werden sie dem Erleben und den Anliegen der Beteiligten nicht umfassend gerecht. Sie blockieren sogar häufig eine positive Entwicklung, die durch die Krise möglich wäre. Wenn Paare mit Außenbeziehungen Hilfe suchen, dann ist es eine der zentralen und ersten Aufgaben eines Therapeuten oder Beraters, herauszufinden, in welcher Weise sie das Dreiecksgeschehen beschreiben. Denn diese Beschreibungen sind immer die Grundlage für geeignete oder nicht geeignete Bewältigungsstrategien. Nicht selten wächst sich die falsche Lösung zu einem zusätzlichen Problem aus, das noch schlimmer ist als das ursprüngliche Problem, das damit gelöst werden sollte. Somit kann man es als ein wesentliches Ziel des Therapie- oder Beratungsprozesses ansehen, mit Hilfe des Beraters eine neue Beschreibung zu finden. Durch eine neue Beschreibung können Blockaden gelöst, neue Ideen kreiert und konstruktive Bewältigungsstrategien in Gang gesetzt werden. Als Nichtbetroffener hat der Helfer es leichter, einen Standpunkt zu beziehen, von dem aus eine neue Beschreibung möglich wird. Dafür braucht er allerdings selber ein ge-

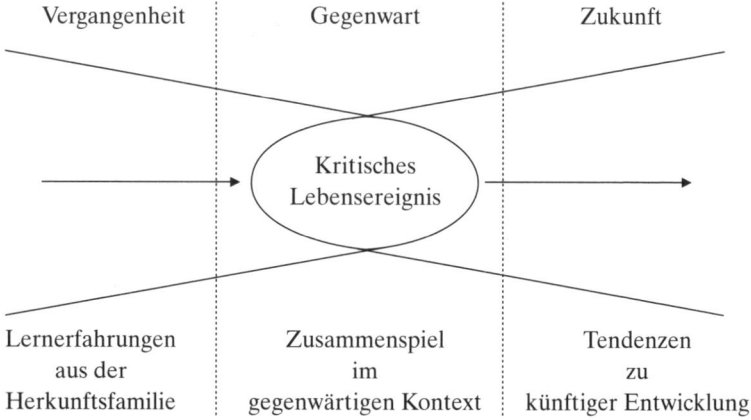

Vergangenheit	Gegenwart	Zukunft

Kritisches
Lebensereignis

Lernerfahrungen aus der Herkunftsfamilie	Zusammenspiel im gegenwärtigen Kontext	Tendenzen zu künftiger Entwicklung

Abb. 1: Dimensionen unterschiedlicher Betrachtungsweisen

eignetes Beschreibungsmodell, an dem er sich orientiert. Ein solches Beschreibungsmodell möchte ich im folgenden formulieren. Ich schließe mich dabei der Konzeption des »phänomenologischen Konstruktivismus« an, wie sie von Bruno Hildenbrandt, Rosmarie Welter-Enderlin und ihrem Team vorgeschlagen wird.[16] Dabei handelt es sich um ein integratives Konzept, das die wichtigen Gesichtspunkte aus den oben angeführten Beschreibungsmustern aufgreift und in einen neuen Zusammenhang stellt. An den drei geschilderten Beispielen werde ich dann dieses Beschreibungsmodell jeweils konkretisieren.

Der entscheidende Aspekt beim entwicklungsorientierten Beschreibungsmodell ist, daß kritische Lebensereignisse hier nicht nur im Bedingungszusammenhang der Vergangenheit (wie es einer tiefenpsychologischen Betrachtungsweise entspricht) und nicht nur in ihrem Bedingungszusammenhang im gegenwärtigen Kontext (wie es der früheren Systemtheorie entspricht) gesehen werden, sondern in erster Linie im Horizont künftiger Entwicklungsmöglichkeiten von Menschen und menschlichen Beziehungsgefügen.

Die entwicklungsorientierte Beschreibungsweise fragt, inwiefern die Dreiecksbeziehung als kritisches Lebensereignis Menschen zu einer Weiterentwicklung anregt und herausfordert. Gegenwart und Vergangenheit werden dabei jedoch keineswegs ausgeklammert. Das kritische Lebensereignis der Außenbeziehung hat immer auch die Funktion, in der Gegenwart einen Ausgleich zu schaffen, und sie ist immer auch das Ergebnis einer bestimmten, in den jeweiligen Herkunftsfamilien grundgelegten Lerngeschichte. Diese beiden Aspekte, die in den funktionalisierenden und pathologisierenden Beschreibungen einseitig verwendet werden, bezieht das entwicklungsorientierte Modell in die Beschreibung mit ein, stellt diese aber in den Horizont künftiger Entwicklungsmöglichkeiten. Das heißt in bezug auf die Gegenwart: Welche Entwicklungsmöglichkeit kündigt sich im gegenwärtigen Zusammenspiel des Beziehungsdreiecks an? Und das heißt in bezug auf die Vergangenheit: Welche in den Herkunftsfamilien unerledigten Entwicklungsaufgaben werden in dieser Dreiecksbeziehung wiederbelebt? Der übergeordnete Gesichtspunkt ist also derjenige der zukünftigen Entwicklung.

Dieses entwicklungsorientierte Beschreibungsmodell soll nun in seinen einzelnen Aspekten noch genauer charakterisiert werden (vgl. dazu Abb. 1).

Zukunft

Das kritische Lebensereignis der Dreiecksbeziehung wird immer unter der Fragestellung beschrieben: Welches *Potential an ungelebtem Leben* wird in diesem Ereignis angesprochen? Diese Fragerichtung gilt nicht nur für den »Untreuen« und die Geliebte/den Geliebten, sondern immer auch für die »Treue/den Treuen«, selbst wenn diesem die Fragestellung durch das subjektive Erleben am wenigsten naheliegt. Was zunächst als Problem oder sogar als Katastrophe erlebt wird, soll schließlich als ein »biographieförderndes Ereignis«[17] deutlich werden und damit eine völlig neue Bewertung im Hinblick auf die Zukunft erhalten. Im Licht dieser zukunftsgerichteten Frage erhalten nun auch die beiden anderen zeitlichen Dimensionen der Dreiecksbeziehung, ihre Vergangenheit und ihre Gegenwart, eine spezifische Bedeutung.

Gegenwart

Unter dem Gegenwartsaspekt wird das kritische Lebensereignis der Dreiecksbeziehung aus dem Zusammenspiel der Ehepartner in der gegenwärtigen Lebenssituation beschrieben und bewertet. Wie ist dieses Zusammenspiel der Partner, sodaß ein Dritter sozusagen »gebraucht« wird? Unter diesem Aspekt läßt sich das Zustandekommen der Dreiecksbeziehung oft als Versuch eines »*Ausgleichs*« interpretieren, nämlich als Ausgleich für das, was im Zusammenspiel der Partner aus unterschiedlichen Gründen zu kurz kommt, zum Beispiel die Lust im Vergleich zur Pflicht. So kann es sein, daß Partner, bei denen die Pflicht regiert, ein immer stärkeres Lust-Defizit erleben, dessen Sog dann den einen von beiden in eine Außenbeziehung sozusagen »hineintreibt«. Weil zum Verständnis solcher Unausgewogenheit zwischen den Partnern sehr oft ihre Position im familiären Lebenszyklus und ihre gemeinsame Geschichte als Paar von großer Bedeutung sind, werde ich hier nicht nur Aspekte des gegenwärtigen Kontexts heranziehen, sondern auch Lebenszyklus-Aspekte und Aspekte der gemeinsamen Geschichte des Paares.

Vergangenheit

Daß bestimmte Seiten des Lebens in einer Beziehung nicht gelebt werden und so die Tendenz zu einer Außenbeziehung besteht, hat oft auch mit den Beziehungserfahrungen der Beteiligten in ihren Herkunftsfamilien zu tun, also mit ihrer individuellen Vergangenheit. Dreiecksbeziehungen werden im entwicklungsorientierten Beschreibungsmodell also auch aus der Perspektive der individuellen Lerngeschichte der drei Beteiligten gesehen und verstanden: So gesehen *wiederholen* oder *re-inszenieren* sie in Dreieckskonstellationen frühere Beziehungsformen, beispielsweise eine bestimmte Vater-Mutter-Kind-Konstellation. Diese Wiederholung wird hier als ein – meist unbewußter – Versuch gesehen, »unerledigte Angelegenheiten« aus der Kindheit mit dem Partner zu Ende zu bringen. Insofern handelt es sich ebenfalls um einen Ausgleichs-Versuch, der sich aber nicht auf die Gegenwart des Paares bzw. des Beziehungsdreiecks bezieht, sondern auf die Vergangenheit der Einzelpersonen und ihre Herkunftsfamilien. Es geht dabei aber nicht darum, einen oder mehrere Beteiligte zu pathologisieren und ihnen auf diese Weise die »Schuld« am kritischen Lebensereignis zuzuschieben. Vielmehr soll auf diese Weise deutlich werden, inwiefern in dieser Dreieckskonstellation Entwicklungsaufgaben, die in der Herkunftsfamilie liegengeblieben und auch in der Paarbeziehung nicht aufgegriffen worden sind, neu belebt und damit der Bearbeitung zugänglich gemacht werden.

Ein entwicklungsorientiertes Beschreibungsmodell muß, um der Komplexität des Geschehens gerecht zu werden, diese verschiedenen Zeitdimensionen berücksichtigen. Bei unterschiedlichen Dreieckskonstellationen werden diese Zeitdimensionen in unterschiedlicher Weise aktuell. Dabei ist die Frage zu vermeiden, wie es sich nun »wirklich« verhält und welche Sichtweise die »wahre« ist. Keine dieser Sichtweisen ist ein getreues Abbild der Wirklichkeit, jede hat auch den Charakter einer Wirklichkeits-Konstruktion, das heißt, es handelt sich um interpretatorische Annäherungen an die Wirklichkeit, nie um deren genaues Abbild. Das heißt aber nicht, daß es willkürlich und gleichgültig wäre, welche man im einzelnen Fall wählt. Das Kriterium dafür, welche richtig ist, stellt sich freilich erst im dialogischen Prozeß zwischen Berater und Betroffenen heraus, und zwar in der Stimmigkeit, die sich einstellt, wenn plötzlich ein ganz neues Licht auf das Geschehen fällt, das Zusammenhänge deutlich macht, die vorher im Dunkeln lagen.

ZWEITES KAPITEL

DIE DREIECKSBEZIEHUNG ALS AUSGLEICHSVERSUCH

Entsprechend meinem entwicklungsorientierten Grundmodell versuche ich in diesem Kapitel die Dreiecksbeziehung im Zusammenhang mit dem gegenwärtigen Beziehungsmuster des Paares und im folgenden Kapitel im Zusammenhang mit bestimmten Beziehungserfahrungen aus den jeweiligen Herkunftsfamilien zu beschreiben. Dabei geht es mir immer um die darin enthaltenen Entwicklungsmöglichkeiten für alle Beteiligten. In diesem Kapitel richte ich den Blick auf den gegenwärtigen Kontext, und zwar auf den des Paares, nicht auf den des »Dritten«, weil ich hier vor allem aus der Perspektive des Paares schreibe. Um das Entstehen und die Dynamik der Dreiecksbeziehung zu verstehen, hat sich hier folgende Fragestellung als nützlich erwiesen: *Welches derzeitige Ungleichgewicht zwischen den Partnern soll durch die Außenbeziehung ausgeglichen werden?* Oder anders ausgedrückt: Welche Imbalance versuchen die Partner mit Hilfe der Außenbeziehung auszubalancieren? Dabei setze ich voraus, daß der Außenbeziehung eine Mangelsituation in der Zweierbeziehung vorausgeht. Dies läßt sich gewiß nicht für alle Fälle behaupten, trifft jedoch sehr häufig zu, vor allem bei Paaren, die wegen der Außenbeziehung eine Beratung oder Therapie aufsuchen, weil sie die dadurch ausgelöste Krise allein nicht mehr bewältigen. Der »Untreue« hat, so gesehen, die Außenbeziehung nicht aus Bosheit oder aus Leichtfertigkeit gesucht. Sie wird vielmehr aus der Art und Weise, wie die Ehepartner miteinander umgehen, verständlich. Das akute kritische Lebensereignis der Außenbeziehung wird dadurch als Hinweis auf eine bisher mehr oder weniger latente oder jedenfalls nicht ganz ernstgenommene Krise der Paarbeziehung deutlich.

Um welche Ungleichgewichtigkeiten in der Paarbeziehung handelt es sich nun? Menschliches Leben und Zusammenleben kann als Bewegung zwischen Polaritäten verstanden werden, zum Beispiel zwischen den Polen aktiv – passiv, progressiv – regressiv, extrovertiert – introvertiert usw., um nur einige Beispiele anzuführen. In dieser Sichtweise besteht Lebendigkeit darin, sich nicht auf einem der Pole festzufahren, sondern sich flexibel je nach Situation einmal in die eine Richtung, ein anderes Mal in die andere Richtung zu bewegen. Das verleiht dem Leben Buntheit und Abwechslung. Solche Polaritäten können wir auch in Paarbeziehungen feststellen. Wenn das Zusammenleben als befriedigend und intensiv erlebt werden soll, müssen die Partner zwischen diesen Polen hin und her pendeln. Fixieren sie sich statt dessen an einem der Pole oder polarisieren sie sich in entgegengesetzten Extrempositionen, dann erstarrt die Beziehung und wird von den Betroffenen als festgefahren erlebt. Für das Verständnis von Paarproblemen und damit auch von Dreiecksbeziehungen scheinen mir vor allem folgende Polaritäten zentral zu sein:

Sicherheit und Erregung bzw. Bindung und Autonomie
Dominanz und Unterordnung
Geben und Nehmen.

Die jeweils hier genannten Begriffspaare stellen gleichsam die polaren Endpunkte eines Kontinuums dar, das zwischen ihnen liegt. Wenn sich Ehepartner an einem der Pole fixieren, so daß der andere Pol in ihrem Leben nicht mehr vorkommt, oder wenn sie sich gegenseitig in extremen Positionen polarisieren, bekommen sie miteinander ernsthafte Probleme. Dreiecksbeziehungen sind in dieser Sicht der Versuch, einen Ausgleich zu dieser Einseitigkeit zu schaffen, daß heißt den jeweils anderen ausgeklammerten oder dem anderen Partner »überlassenen« Pol wieder zur Geltung zu bringen. Was dies im einzelnen heißt, wird bei der Erläuterung der einzelnen Polaritäten deutlich.

1. Sicherheit und Erregung

Hier handelt es sich um eine Grundpolarität sozialer Motivation und sozialen Verhaltens überhaupt, die nicht nur das Zusammenleben der Menschen, sondern auch das der höheren Tiere fundamental bestimmt, wie der Verhaltensbiologe und Psychologe Norbert Bischof in eindrucksvoller Weise darlegt.[18] Sicherheit finden wir beim Vertrauten (z. B. das Kind bei der Mutter), Erregung erfaßt uns angesichts des Fremden (z. B. das Kind angesichts eines gleichaltrigen potentiellen Spielkameraden). Um zu überleben und sich entwickeln zu können, braucht das kleine Kind am Anfang ein sehr großes Maß an *Sicherheit*, das das Maß an Erregung bei weitem übersteigt und das in der Regel bei den Eltern und in der Familie zu finden ist. Auf diese Erfahrung der Sicherheit reagiert das Kind mit *Bindung*. Durch Bindung entsteht Vertrautheit, die sogenannte *primäre Vertrautheit*, und diese vermittelt uns das Gefühl fundamentaler Geborgenheit (Urvertrauen) für das weitere Leben. Aber schon sehr bald erwacht im Kind das Bedürfnis nach mehr Autonomie. Dieses Autonomiestreben läßt wachsenden Überdruß am Vertrauten entstehen und drängt hinaus zum Unvertrauten, zum Fremden, das dem Kind *Erregung* vermittelt, die sich entweder in Neugierde und Faszination äußert, oder aber, wenn es zu bedrohlich wird, in Furcht. Die Furcht veranlaßt das Kind wieder, zum Vertrauten zurückzukehren, z. B. bei der Mutter wieder Zuflucht zu suchen. Je weiter das Kind heranwächst, desto häufiger und intensiver reagiert es mit Überdruß auf das primär Vertraute, und dieser Überdruß lockert die Bindung zu Eltern und Familie. Zum Autonomiestreben gesellt sich nun der wachsende Drang nach Sexualität. Autonomie und Sexualität drängen mit aller Macht hinaus ins »Fremde«, reizen zu Abenteuern. Besonders der/die Angehörige des anderen Geschlechts wird Kristallisationspunkt dieses Dranges weg vom Vertrauten hin zum Fremden, weg von der primären Bindung an die Herkunftsfamilie hin zu einem eigenständigen Leben mit eigenen, selbst gewählten Beziehungen. Sexuelle Erlebnisse spielen dabei eine wichtige Rolle und stehen zunächst ganz im Dienst der Autonomie und Abnabelung von den Eltern.

Allmählich gelangt der nunmehr erwachsen gewordene an einen zentralen Wendepunkt, der auch in unserem Zusammenhang die entscheidende Rolle spielt. Die Sexualität mit dem andersgeschlechtlichen Partner läßt ein neues/altes Bedürfnis entstehen: Das Bedürfnis nach einer neuen Art von Bindung. Sexualität schafft neue Bindung, und im Geschlechtspartner wird nun nicht mehr die Faszination des Neuen und Fremden gesucht, sondern auch eine neue Sicherheit, die neue Vertrautheit vermittelt. Norbert Bischof nennt diese die »*sekundäre Vertrautheit*« im Unterschied zur primären Vertrautheit der Eltern-Kind-Beziehung.

In der primären Vertrautheit steckt eine tiefe Ambivalenz: Einerseits ist sie fundamental für das Überleben. Bekommen wir zu wenig davon, sind wir ein Leben lang verzweifelt auf der Suche danach. Bekommen wir aber »zu viel« und »zu lange« davon, droht sie uns zu ersticken, zu verschlingen, zu töten. In der Doppelgesichtigkeit der alten Muttergottheiten, Leben zu gebären und auch wiederum zu verschlingen, sieht Bischof diese Ambivalenz eindrucksvoll symbolisiert. Der Heranwachsende wird durch sie von Mutter, Eltern und Familie weg- und zum Fremden, Erregenden hingetrieben. Nur dadurch behalten wir Anteil am Leben.

Demgegenüber hat die sekundäre Vertrautheit einen anderen Charakter. Anstelle der Ambivalenz tritt hier – idealtypisch gesprochen – die Synthese, bei Bischof durch das Ganzheitssymbol von Yin und Yang symbolisiert. Sekundäre Vertrautheit beinhaltet *sowohl Sicherheit als auch Erregung, Bindung als auch Autonomie*, und darum ermöglicht sie auch weiterhin, Sexualität zu erleben. Anders ausgedrückt: Gegenüber der Bindung der primären Vertrautheit des Kindes bei Vater und Mutter drückt sich die Bindung der sekundären Vertrautheit zwischen erwachsenen Partnern darin aus, daß letztere miteinander eine dynamische Balance« zwischen den beiden Polen Sicherheit und Erregung finden. Das heißt: Erwachsene Partner sind, anders als Mutter und Kind, füreinander zugleich Quelle von Sicherheit und Quelle von Erregung. Sie geben einander gerade genug Sicherheit, so daß kein Überdruß entsteht, und gerade soviel Erregung, daß sie nicht ängstigend wird. Diese Balance zwischen Sicherheit und Erregung ist nach Bischof das Typische einer erwachsenen Partner-Beziehung.

Bei Paaren tauchen immer wieder Polaritäten in ihrer Beziehungsgestaltung auf, die Variationen dieser selben Grundpolarität sind: Bindung und Autonomie, Nähe und Distanz, Pflicht und Lust. Freilich sind diese Polaritäten mit der Polarität Sicherheit und Erregung nicht völlig zur Deckung zu bringen, ordnen wir sie jedoch etwas gewaltsam zu, so entsteht folgendes Bild:

Sicherheit	– *Erregung*
Bindung	– Autonomie
Nähe	– Distanz
Pflicht	– Lust

Paare müssen im Zusammenleben eine dynamische Balance zwischen den Polaritäten herstellen. Jedermann weiß freilich, daß es in der Realität oft sehr anders läuft. Viele Beziehungen zwischen Frauen und Männern haben nicht den Charakter sekundärer, sondern viel eher primärer Vertrautheit. Sie stellen sich als Quasi-Eltern-Kind-Beziehung dar. Die Sicherheit dominiert gegenüber der Erregung, die Bindung gegenüber der Autonomie, eine – jedenfalls äußerlich aufrecht erhaltene – Nähe gegenüber einer echten Distanz und die Pflicht gegenüber der Lust. Damit aber übertragen sich die Gesetzmäßigkeiten der primären Vertrautheit auf die erwachsene Beziehung. Bischof zeigt, daß die primäre Vertrautheit bei Tieren in der Regel die Sexualität blockiert. Zweifellos hat das Schwinden der wechselseitigen Attraktivität in vielen Paarbeziehungen mit dieser Angleichung an primäre Vertrautheit zu tun. Bei dieser wird das »Inzest-Tabu« wirksam, der Überdruß aneinander nimmt überhand, Erregung, Neugier, Faszination hören auf oder werden außerhalb der Beziehung gesucht, zum Beispiel eben in einer Außenbeziehung. Die/der Geliebte repräsentiert dann das erregende Fremde, mit dem dann auch sexuelles Erleben wieder möglich ist. Die Partner in der Ehe aber haben ihre Konturen als Frauen und Männer quasi verloren, mit ihnen hat sich eine Art Primärfamilie hergestellt, in der sie sich zwar geborgen fühlen, in der es aber langweilig ist, und zwar nicht nur im Bereich Sexualität. Die »Untreuen« sind dann jeweils diejenigen, die sich damit nicht mehr zufrieden geben. Sie handeln genau wie junge Erwachsene, die sich von ihren Herkunftsfamilien ablösen. Sie gehen nach draußen, weil Sicherheit, Bindung und Vertrautheit sie zu ersticken drohen. Es handelt sich dabei also um einen unbewußten Versuch, die Balance zwischen Sicherheit und Erregung wieder herzustellen. Häufig sind sie dabei nicht einmal die unmittelbar Aktiven, sie schauen nur sehnsüchtig nach draußen – und Geliebte weiblichen wie männlichen Geschlechts haben ein untrügliches Gespür für diese Sehnsucht nach Lebendigkeit und werden unwiderstehlich davon angezogen, diese zu wecken.

Werfen wir von hier aus einen Blick auf unsere Beispiele:

Theo, Maria und Lilo

Die Situation des Paares mit der »klassischen Dreiecksbeziehung« ist typisch für viele ältere, gesellschaftlich etablierte und wohlhabende Paare. Theo hatte in seinem Beruf eine Menge Erregung, ein weites Spielfeld für seine Autonomie, allerdings auch sehr viele Verpflichtungen, denen er aber durchaus viel Lust abgewann. In seiner Paarbeziehung war das anders: Hier dominierten Sicherheit, Bindung und Pflicht. Maria nahm er kaum noch anders denn als Mutter wahr – als Mutter seiner Kinder, aber auch als mütterliche Fürsorgerin für ihn. Maria besaß auch kaum noch eine andere Ausstrahlung, sie war mütterlich-hausbacken geworden, und – was die Situation verschärfte – seit die Kinder sie nicht mehr brauchten, hatte sie auch als Mutter an Bedeutung und Wichtigkeit verloren. Die Beziehung zwischen Theo und Maria hatte wechselseitig etwas von einer Eltern-Kind-Beziehung bekommen: Bei Theo war es Maria gegenüber offentsichtlich, aber es galt auch für Maria Theo gegenüber. Theo war für sie nur noch Sicherheitspol, der keinerlei Erregung mehr zu vermitteln vermochte, zumal er sich beruflich nach wie vor dermaßen engagierte, daß er sie und das Zuhause hauptsächlich zur Regeneration brauchte. Impulse für die Gestaltung ihrer Beziehung gingen schon lange nicht mehr von ihm aus. Der »Erregungspol« schien aus der Beziehung verschwunden zu sein. Das Auftauchen von Lilo war wie ein Blitz, der in diese erstarrte Beziehungslandschaft fuhr und mit einem Schlag erhellte, woran es hier mangelte. Diese Situation läßt sich nicht treffender deutlich machen als durch zwei Bilder, die Theo und Maria am Anfang eines Paarseminars malten *(siehe folgende Doppelseite)*:

Auf beiden Bildern erscheint Theo in der Mitte – gleichsam hin- und her- oder auseinandergerissen. Er hat sich durch die attraktive Lilo (rechts im Bild) vom sicheren Ufer der Ehe (mit Kirche im Hintergrund!) losgerissen. Nun treiben alle drei auf losen Flößen ohne Ruder und Steuer auf dem Fluß einer unsicheren Zukunft entgegen. Abenteuerlich also, aber gefährlich! Allerdings hält sich Theo auch noch an Maria fest. Diese ist aber durch die Ereignisse ebenfalls in den Strudel geraten und bietet keinen Halt mehr. Theos Motto unter dem Bild »In einem Boot?« drückt den Wunsch aus, bald wieder zu einem weniger unsicheren Gefährt zu kommen. Andererseits will er aber das Gewonnene nicht wieder aufgeben, deshalb seine Frage: »Gibt es nicht irgendeine Möglichkeit, zu dritt – freilich ein bißchen weniger gefährlich – weiterzuschippern?«

Marias Bild wird von Lilo (linke Figur) ganz und gar dominiert. Wie mit Bagger-Greifarmen langt sie nach Theo. Sich selbst zeichnet sie am rechten Rand des Bildes, die Arme hilflos ausgestreckt (»Ohnmacht« lautet ihr Motto). Der Größe nach unterscheidet sie sich kaum von den Söhnen. Damit dokumentiert sie eindrucksvoll den Schlag für ihr Selbstwertgefühl, den ihr diese Beziehung versetzt. Beide werden durch sie mit der Frage konfrontiert: Wie steht es mit der eigenen Lebendigkeit, der eigenen Autonomie und »Größe«, dem Selbstwert als Mann und Frau?

Männer wie Theo meinen oft, alle diese Fragen würden sich nun in den Armen einer Lilo von selber lösen. Es kommt aber entscheidend darauf an, daß er begreifen lernt, daß Maria nicht »schuld« ist an *seinem* Mangel an Lebendigkeit, und daß Lilo diesen Mangel nicht einfach wettmachen kann, sondern daß er hier mit einem eigenen, ganz individuellen Problem konfrontiert ist. Er hat gelernt, sein Boot im Beruf durch Aufgaben und Herausforderungen sicher zu steuern. Aber wie sieht es mit dem ganzen übrigen Leben aus? Wie steht es mit seinen persönlichen Beziehungen? Hier ist er ein Anfänger. Seine Leidenschaft für Lilo konfrontiert ihn sehr direkt damit. Sein Floß ist jetzt ohne Halt. Er muß es erst steuern, er muß selber für seine Lebendigkeit sorgen

Abb. 2: Die Dreiecksbeziehung aus der Sicht von Theo

lernen. Das einzusehen, ist für ihn eine entscheidende Aufgabe, damit der Prozeß in die richtige Richtung kommt.

Für Frauen wie Maria wiederum besteht die Gefahr darin, daß sie die Konfrontation mit ihrem eigenen Selbstwertgefühl als Frau durch die Geliebte nicht aushalten und in eine moralische Ankläger- bzw. in eine klagende Opferposition flüchten. Maria spielt zunächst beide Rollen abwechselnd. Damit macht sie zwar Theo Schuldgefühle, bringt aber den Prozeß nicht voran. Dieser kommt erst in Gang, wenn sie sich entschließt, die Herausforderung anzunehmen, wenn sie sich nicht mehr hinter den Kindern verschanzt, wie sie es auf dem Bild darstellt, sondern sich in den Vordergrund drängt und die Frage zu stellen wagt: Wer bin *ich* eigentlich, jenseits von Mutter- und Gattin-Rolle?

Maria und Theo entschlossen sich nach dem Paarseminar, aus dem die beiden Bilder stammen, zu einer vorläufigen räumlichen Trennung. Theo beging nicht den Fehler, den viele in seiner Situation machen, sogleich zu Lilo zu ziehen, sondern er bezog eine

Abb. 3: Die Dreiecksbeziehung aus der Sicht von Maria

eigene Wohnung. Er wählte, wie ich das nenne, einen »dritten Ort«. So wurde er nicht zum »Heranwachsenden«, der die »Mutter« verläßt und dafür eine »Geliebte« braucht, sondern er geht zu beiden Frauen auf gleiche Distanz. Er lockert beide Bindungen und stellt damit eine Distanz her, aus der sich Neues entwickeln kann. Die Möglichkeit, entweder mit der einen oder mit der anderen Frau anstelle der Ambivalenz »Bindung oder Autonomie« zu einer Synthese »Bindung und Autonomie« zu kommen, ist damit wieder gegeben.

Alf, Dorothea und Michael

Bei diesem Paar ist es vor allem Dorothea, bei der ein starkes Erregungs- und Autonomiedefizit ins Auge springt. Sie hatte Alf zu einem Zeitpunkt geheiratet, als der Ablöseprozeß von ihren Eltern, vor allem von ihrem Vater, noch keineswegs abgeschlossen war. Der Überdruß an ihren familiären Bindungen verführte

49

sie zu einer problematischen »Total-Lösung«, die im Grunde eine Scheinlösung war: Ziemlich unvermittelt ging sie die neue Bindung mit Alf ein. Kein Wunder, daß sich diese sehr rasch als Neuauflage der Vater-Tochter-Beziehung ihrer Herkunftsfamilie herausstellte. Alf war ähnlich einengend und besitzergreifend wie ihr Vater. Da Dorothea ihn anfangs sehr bewunderte und schätzte, fiel ihr dies nicht auf. Sie bemühte sich intensiv um Anpassung, schrieb Schwierigkeiten im Umgang miteinander und in der Sexualität sich allein zu und versuchte, Alf gegenüber gleichwertig zu werden, indem sie Mutter wurde.

Aber ihr Mangel an eigenem »Selbst-Stand« holte sie im Lauf der Jahre ein und machte sich in dem dringenden Wunsch bemerkbar, eine eigene berufliche Identität zu finden. Sie wählte eine Studienrichtung, die bewußt außerhalb der Interessens- und damit Einflußsphäre von Alf angesiedelt war. Die Außenbeziehung zu Michael war dann ein weiterer, noch radikalerer Schritt in diese Richtung: etwas Eigenes zu haben, etwas, das sich vom »Vater-Mann« Alf grundlegend unterschied. Michael war ein Mann, bei dem Gleichheit und Ebenbürtigkeit im Vordergrund standen: ein Gleichaltriger, ein ebenfalls spät Studierender, ein in ähnlicher Weise Suchender wie sie. Die Sexualität spielte, wie sich bald herausstellte, in dieser Beziehung keine große Rolle. Sie hatte gewissermaßen nur auslösende Funktion. So wie sich durch die ersten sexuellen Erlebnisse Heranwachsender das Band löst, das sie an ihre Eltern bindet, so brauchte auch Dorothea die Sexualität mit Michael, um sich eindeutig von Alf distanzieren zu können, weil dieser in seiner festhaltenden Art durch die »Untreue« Dorotheas besonders zentral getroffen wurde. Als dieser Schritt vollzogen war, verlor der sexuelle Charakter der Beziehung sehr rasch an Bedeutung. Dorothea und Michael blieben weiter freundschaftlich miteinander verbunden, aber wie »Peers«, die einen ähnlichen Weg gehen, nicht wie Mann und Frau, die eine Lebensgemeinschaft bilden wollen.

Die Beziehung zu Michael war hier also etwas wie der entscheidende Schritt Dorotheas zu sich selber, den sie bisher immer vermieden hatte.

Für Alf wäre das die Chance gewesen, das Thema Autonomie

auch bei sich anzugehen. Nach außen war er der Starke, Profilierte, Autonome. Aber das Zwingende und Bestimmende in seinem Verhalten in der Beziehung war nichts anderes als der Versuch, sich an Dorothea zu klammern wie ein Kind an seine Mutter. Der Befreiungsschlag Dorotheas stürzte ihn direkt in die Verzweiflung des kleinen Jungen, der von der Mutter verlassen wird. Leider hielt er dem nicht stand, sondern verschanzte sich weiter hinter der scheinbar starken Position und verfestigte sie dadurch, daß er die Schuld an dem ganzen moralisierend seiner Frau in die Schuhe schob und ihr vorwarf, auf einem zwanghaften »Ego-Trip« zu sein.

Thomas, Ria und Armin

Bei Ria und Thomas war, ähnlich wie bei Maria und Theo, ein Erregungsdefizit bei beiden Partnern offensichtlich. Ria ist hier in der Position Theos: mit dem Beruf identifiziert und erfolgreich. Thomas dagegen befindet sich eher in der Position Marias: Er war schwerpunktmäßig zu Hause bei den Kindern und in einer fürsorglichen Funktion. Thomas ist der Typ des Mannes, der gerade im alternativen Milieu in den letzten Jahren relativ häufig zu finden ist. Auf dem Hintergrund eigener frustrierender Erfahrungen mit ihren Vätern wollen Männer wie er auf keinen Fall im Beruf aufgehen und Frauen und Kinder so allein lassen. Sie kümmern sich in rührender Weise darum, für die Familie da zu sein, und versuchen ihren Teil der Verantwortung wirklich zu übernehmen. Dabei vernachlässigen sie oft eigene Bedürfnisse, grenzen sich zu wenig ab und sorgen für zu wenig Eigenleben. Sie unterdrücken einen gesunden Selbstbehauptungstrieb und eine natürliche Aggressivität, pflegen vielmehr Sanftheit und Weichheit. Sie wirken deshalb oft sehr anziehend auf Frauen, die auf der Suche nach Wärme und Mütterlichkeit sind, so wie Ria. Thomas ermöglichte ihr außerdem, ihre Wünsche nach beruflicher Selbstverwirklichung zu realisieren. Aber auch hier droht die Gefahr, daß solche Beziehungskonstellationen immer mehr den Charakter primärer Vertrautheit wie zwischen Eltern und Kindern bekommen. Das »fremde Männliche«, das die Neugier und Faszination der Partnerin erregen könnte, bleibt auf der Strecke. Die Frauen jedoch wagen es oft nicht, dies als Defizit anzusprechen, weil diese Männer ja »so gut« sind und weil sie doch so froh sind, daß er wirklich kein »solcher Macho« ist. Sie gestehen sich oft lange Zeit nicht ein, daß ihnen das männliche Gegenüber fehlt. Ein Mann wie Armin repräsentiert dann dieses »fremde Männliche« auf eine überraschende Weise. Es erregt zwar einerseits große Angst, aber gleichzeitig erfüllt es eine schon lange gehegte, aber nicht bewußt wahrgenommene Sehnsucht. In der Sexualität mit Armin erlebte Ria zum ersten Mal, daß sie als Frau in ihrer ganzen Leidenschaft gesehen und gewollt wurde.

Das Thema »Erregung und Sicherheit« bekommt bei solchen Paaren den zusätzlichen Akzent der Polarität »Mannsein – Frausein«. Die Außenbeziehung macht etwas deutlich, was also wieder nicht nur den »Untreuen«, in unserem Fall Ria, sondern auch den »Treuen«, in unserem Fall Thomas, zentral betrifft. Thomas verstand diese »Botschaft« durchaus, ohne sich dies ausdrücklich einzugestehen. Er streifte unter dem Einfluß von Armin, den er auf der bewußten Ebene sogar leugnete, seine teils mütterliche, teils auch kindliche Rolle immer mehr ab und machte sich sehr entschieden auf den Weg zum Mannsein.

Unter dem Aspekt der Polarität von »Erregung und Sicherheit« bzw. von »Autonomie und Bindung« läßt sich also in allen drei Fällen die Dreiecksbeziehung als ein kritisches Lebensereignis beschreiben, das die Paare mit einer wesentlichen Imbalance ihrer Beziehungsgestaltung konfrontiert. Bei Theo und Maria wirft Lilo in einer in Sicherheit, Arbeit, Pflicht und Konvention erstarrten Beziehung die Frage der Lebendigkeit, der Kreativität und der Faszination auf, bei Alf und Dorothea hilft Michael Dorothea aus ihrer töchterlichen Existenz zum Schritt in die Autonomie als erwachsene Frau, und bei Ria und Thomas wird durch Armin ein Beziehungsmuster durcheinander gebracht, das dazu diente, die Ausprägung ihrer Geschlechterspannung als Mann und Frau zu verhindern. Die Dreiecksbeziehung bringt also in allen drei Fällen ein Thema hoch, das sowohl den »Treuen« als auch den »Untreuen« in gleicher Weise existentiell betrifft. Damit zeigt sie auch den Punkt an, an dem das Paar in seiner Entwicklung stecken geblieben ist. Wie immer es mit dem Paar nun weitergehen wird, ob sie sich nun trennen oder auf neue Weise zusammenfinden, wesentlich ist, daß dieses gemeinsame Thema herausgefunden wird, um die Erstarrung am Pol »Sicherheit« wieder zu lösen.

2. Dominanz und Unterordnung

Augustus Y. Napier[19] vergleicht unter dem Aspekt von Dominanz und Unterordnung eine ebenbürtige Paarbeziehung mit dem Spiel auf einer Wippe: Wippen macht dann Spaß, wenn die Wippe in Bewegung bleibt. Bald ist der eine oben, bald der andere, und dies in fortdauerndem Wechselspiel. Die Lust am Spiel weicht sofort, wenn sich die Gewichte so verteilen, daß die Wippe in Schräglage zum Stehen kommt. Dann ist der eine nur noch »oben« und der andere nur noch »unten«. Das Spiel ist zu Ende, weil es keine Bewegung mehr gibt. Das heißt: Auch bei der Polarität »Dominanz – Unterordnung« kommt es darauf an, eine dynamische Balance zu finden. Beide Partner brauchen in gleicher Weise das Gefühl, bestimmen zu können und Einfluß auf den anderen zu haben. Dazu müssen aber beide auch in der Lage sein, sich dem anderen anzuschließen, dem anderen auch nachzugeben und ihm zu folgen, wenn es die Umstände sinnvoll oder nötig erscheinen lassen.

Die Balance in diesem Wechselspiel kann in mehrfacher Weise gestört sein: Entweder dominiert der Mann und die Frau ordnet sich immer nur unter, oder die Frau dominiert und der Mann ordnet sich unter. Napier spricht in diesem Zusammenhang von der »Mann-dominierten Ehe« und von der »Frau-dominierten Ehe«. Das vorherrschende Beziehungsmuster ist hier ein asymmetrisches. Die Wippe bleibt sozusagen in Schräglage stehen.

Die andere Form der Störung der Balance besteht darin, daß beide – sozusagen zu gleicher Zeit und in bezug auf dieselbe Sache – dominieren und um jeden Preis Unterordnung vermeiden wollen. Napier spricht in diesem Fall von »Kampfbeziehungen«. Das vorherrschende Beziehungsmuster ist in diesem Fall das des symmetrischen Machtkampfes. Die Wippe bleibt sozusagen in horizontaler Lage stehen, weil beide zu gleicher Zeit versuchen, den anderen in die untere Position zu bekommen. Das kostet sehr viel Kraft – und dennoch bewegt sich nichts.

Es gibt also Paare, die sich in komplementären Positionen polarisieren und so ein lebendiges Wechselspiel zum Erliegen bringen – einer dominiert nur, der andere ordnet sich nur unter –, und es gibt Paare, die sich in symmetrischen Positionen polarisieren – beide wollen nur bestimmen. Im einen wie im anderen Fall mißlingt die Balance, es gibt keinen Ausgleich zwischen den Positionen. Erstarrung und Unlebendigkeit sind die Folge.

Bei dieser Krise handelt es sich immer im Kern um eine Krise des Selbstwertgefühls der Partner. Beim »Kampfpaar« geben sich zwar beide stark und dominant, aber keiner bewirkt etwas beim anderen. Hinter dem Kampf wird das Gefühl von Ohnmacht immer größer. Keiner bekommt vom anderen das Gefühl, mit seiner Meinung, seinen Einstellungen, seinen Anliegen für den anderen wichtig zu sein. Beim Frau- bzw. Mann-dominierten Paar gilt dasselbe zunächst für den in der »unteren Position«. Er fühlt sich in allem unterlegen, wirkungs- und wertlos. Es trifft aber, je länger, je mehr, auch auf den Dominanten zu. Mehr und mehr bekommt er das Gefühl, kein Gegenüber zu haben. Der »Untere« läßt den »Oberen« – mehr oder weniger bewußt – »oben auf der Wippe verhungern«, indem er zum Beispiel so schwach und depressiv wird, daß der »Obere« keinerlei Einfluß mehr auf ihn hat und all seine intensiven Bemühungen ins Leere gehen.

Ob sich nun beide Partner in extremen Dominanzpositionen oder in Dominanz- und Unterordnungspositionen polarisieren, in beiden Fällen entsteht für die Beziehung eine gefährliche Blockade. Diese latente, oft schon lange andauernde Krise kann plötzlich durch das Dazukommen eines Dritten akut werden. Damit sind wir wieder bei unseren drei Paaren angelangt.

Theo, Maria und Lilo

Theo und Maria waren – auch wenn es in letzter Zeit selten heftig zuging – ein »Kampfpaar«. Jeder der beiden hatte im Laufe der Jahre gegenüber dem anderen seine Bastion auf- und ausgebaut.

54

Sie hatte zu Hause – »nach innen« – ihr Matriarchat, und er hatte im Beruf – »nach außen« – sein Patriarchat errichtet. Jeder verschanzte sich dahinter und ließ den anderen nicht mehr hinein. Es war über weite Strecken ein zwar stiller, aber grausamer »Grabenkrieg«, und nur manchmal, wenn besonders empfindliche Punkte berührt wurden, wie zum Beispiel in der Sexualität oder in bezug auf die Kinder, gab es heftige Zusammenstöße, die für beide Seiten verlustreich und mit neuen Verletzungen endeten. Dann herrschte wieder bedrückende Stille, in der aber die vielen Wunden, die sie sich geschlagen hatten, nicht heilen konnten. Obwohl sich keiner etwas anmerken ließ, fühlten sich darum beide immer geschwächter, von Jahr zu Jahr ein wenig mehr. Für Theo war in dieser Situation Lilo nicht zuletzt eine hochwillkommene Bundesgenossin. Bei ihr hatte er das Gefühl, wieder jemand zu sein, jenseits seiner Rolle als Fachmann und Führungskraft, einfach als Mann und als Person. Bei ihr spürte er, daß er wieder Eindruck machte, ja daß sie manchmal sogar ein wenig zu ihm, dem Erfahrenen, Begüterten aufschaute, was er bei Maria schon lange nicht mehr erlebt hatte. Dabei war es keineswegs so, daß er sich von einem »armen kleinen Ding« anhimmeln ließ, wie Maria abwertend behauptete: Denn Lilo war durchaus eine selbständige und starke Frau. Theo genoß es, daß sie sich ihm anvertraute und daß auch er sich ihr anvertrauen konnte, daß er sich von ihr in bisher unbekannte Bereiche, in der Sexualität, in der Kunst und im Lebensgenuß mitnehmen lassen konnte, was mit Maria schon lange nicht mehr ging, weil er sich ihr gegenüber immer wieder nur selbst behaupten und rechtfertigen mußte.

Die Tatsache der Außenbeziehung brachte Theo mit einem Mal wieder in die überlegene Position. Maria brach zusammen und konnte sich höchstens zwischendurch in moralische Überlegenheit flüchten. Theo konnte sich nicht verhehlen, daß er es auch zeitweise genoß, über diese Frau, die ihm früher so oft zu schaffen gemacht hatte, zu triumphieren. Aber diese Überlegenheit brachte ihm nicht viel. Im Gegenteil. Sie weckte erst so richtig seine Schuldgefühle, wenn er erlebte, was er da angerichtet hatte. In der therapeutischen Arbeit mit den beiden wurde es ein wesentliches Thema, den symmetrischen Kampf, bei dem beide ausgeteilt und eingesteckt hatten, als ein wichtiges Muster ihrer Beziehung herauszuarbeiten und sie darauf aufmerksam zu machen, wie sehr sie sich daran aufgerieben und ihre Liebe verbraucht hatten. Gleichzeitig wurde aber deutlich, daß dieser Machtkampf nur ein Nebenschauplatz war. Eigentlich ging es darum, daß sich beide die wechselseitige Achtung und Anerkennung als Person verweigert hatten. In dem Moment, wo sie im therapeutischen Prozeß bei dieser wichtigen Frage angelangt waren, war auch der Machtkampf zwischen ihnen zu Ende, und wir konnten uns nach und nach den unerfüllten Wünschen und Sehnsüchten zuwenden.

Alf, Dorothea und Michael

Es liegt auf der Hand, daß es sich bei der Beziehung zwischen Alf und Dorothea um eine extrem »Mann-dominierte« Ehe handelt. Alf konnte das allerdings nicht so leicht erkennen. Denn seine Dominanz war eigentlich im Kern ein ängstliches Sich-Anklammern an Dorothea. Er selbst nahm nur diese Angst, sie zu verlieren, wahr, nicht aber Macht und Kontrolle, die er aus dieser Angst heraus über sie ausübte. So ist es häufig: Extrem dominante Männer sind eigentlich ängstliche, kleine Jungen, die mit aller Macht das Verhalten ihrer Frauen unter Kontrolle halten müssen, weil sie sich deren Zuneigung genauso unsicher sind, wie einstmals derer ihrer Mütter. Ihr Verhalten bekommt dadurch etwas Zwingendes, und die Frauen fühlen sich, obwohl sie die Hilflosigkeit dahinter oft ahnen, völlig unterlegen. Im therapeutischen Prozeß bemühte sich Alf sehr darum zu lernen, auf Dorothea zu hören, ihr ihren Willen und mehr Spielraum zu lassen, vor allem seit Michael aufgetaucht war – in der platonischen Zeit ihrer Beziehung. Aber er merkte gar nicht, wie unbeugsam er seine Meinungen, Ansprüche und Wünsche vertrat. Dorothea hatte nur selten das Gefühl, mit dem, was sie betraf, wirklich zum Zuge zu kommen. Immer lief es doch wieder irgendwie auf Alfs Standpunkt hinaus. Es war so, als könnte seine Macht nur durch das letzte Tabu, das noch unangetastet war, gebrochen werden: die sexuelle Untreue. Als sie über diese Grenze hinwegging, fühlte sie sich frei. Die Sexualität als solche war dabei gar nicht so wichtig. Viel wichtiger war, daß sie in Michael jemand gefunden hatte, bei dem sie sich nicht unterlegen fühlte, mit dem zusammen sie das Gefühl haben konnte, gemeinsam in die gleiche Richtung zu gehen. Durch ihn fühlte sie sich in einer Weise bestätigt, wie durch Alf vorher nie. Alf hatte sie entweder idealisiert oder nicht beachtet. In beiden Fällen fühlte sie sich nicht als die Person, die sie war, gemeint und erlebte nicht, daß sie einen echten Einfluß auf ihn haben könnte. Für den weiteren Weg von Dorothea war die Begegnung mit Michael auch insofern von großer Bedeutung, als sie dadurch zu einer neuen beruflichen Identität fand.

Thomas, Ria und Armin

Unter dem Aspekt »Dominanz und Unterordnung« lebten Ria und Thomas ebenfalls eine asymmetrische, nämlich eine »Frau-dominierte« Ehe, allerdings ganz gegen ihre ausdrückliche Absicht. Im Gegensatz zu den patriarchal bestimmten Ehen ihrer Eltern, wollten sie in ihrer Ehe ganz gleichberechtigt sein. Thomas gab dabei aber unbemerkt zuviel ab und geriet Ria gegenüber immer mehr in eine untergeordnete Position. Im Unterschied zu Dorothea jedoch gefiel es ihm darin recht gut. In dieser Beziehung war Ria die Unzufriedene. Sie kam sich immer wieder *zu* wichtig vor und nur in ihren starken Seiten von Thomas gewürdigt. Thomas kümmerte sich zwar rührend um sie, wenn sie müde und ausgelaugt nach Hause kam. Aber er war dabei immer mehr so etwas wie der Diener seiner Herrin. Immer stärker hatte sie das Bedürfnis, auch ihrerseits einmal an die Hand genommen zu werden. Armin, der unbedenkliche Draufgänger, traf mit seiner forschen Art genau auf dieses Bedürfnis, genauer gesagt: Ria erkannte erst durch die Begegnung mit ihm, was ihr bei Thomas fehlte. So geht es oft: Die Schieflage in der Beziehung ist schon lange da, erst die Außenbeziehung macht sie den Beteiligten im Bewußtsein zugänglich. Damit wird die Außenbeziehung aber auch, abgesehen von der Bedrohung, die sie für die Beziehung darstellt, zu einer großen Chance, dieses Problem in der eigenen Beziehung anzugehen.

Unter dem Aspekt von »Dominanz und Unterordnung« oder »Bestimmen und Sich-bestimmen-Lassen«, kann die Entstehung der Außenbeziehung also wieder als der Versuch eines Ausgleichs einer über Jahre hin entstandenen Ungleichgewichtigkeit in der Zweierbeziehung gesehen werden. Theo erlebt mit Lilo endlich wieder ein befriedigendes Wechselspiel von »oben« und »unten«, von »führen« und »sich anschließen können«. Dorothea bricht das einseitige Dominanz-Unterordnungsgefälle zwischen Alf und sich auf und erfährt mit Michael zum ersten Mal in einer Beziehung die Anerkennung als gleichwertige Partnerin. Ria wiederum erlebt in der Sexualität mit Armin zum ersten Mal, daß sie fähig ist, Kontrolle abzugeben und daß dies beglückend sein kann, während Thomas durch Armins indirekten Einfluß herausgefordert wird, endlich mehr als Mann dazustehen und sich kraftvoll zur Geltung zu bringen.

In allen Fällen macht die Dreiecksbeziehung ein Defizit der Zweierbeziehung deutlich und konfrontiert die Partner mit wichtigen Entwicklungsaufgaben.

3. Geben und Nehmen

Außenbeziehungen unter dem Aspekt der Balance zwischen Geben und Nehmen zu betrachten, ist eine weitere wichtige Möglichkeit, die Dynamik von Beziehungsdreiecken so zu beschreiben, daß darin zukunftsgerichtete Entwicklungsmöglichkeiten deutlich werden. Bert Hellinger sieht in einem dynamischen Wechselspiel von Geben und Nehmen das wesentliche Element einer glückenden Paarbeziehung: »Das Glück in einer Beziehung hängt ab vom Umsatz von Nehmen und Geben.«[20] Was ist damit im einzelnen gemeint? Wenn einer gibt, entsteht ein Gefälle hin zu dem, der nimmt. Darum empfindet dieser seinerseits das Bedürfnis, wieder zu geben, um dieses Gefälle auszugleichen. Damit schafft er nun aber wieder ein Gefälle in umgekehrter Richtung, das der erste wiederum auszugleichen versucht, indem er wieder gibt usw. So kommt es zu einem intensiven Austausch von Geben und Nehmen zwischen den Partnern, und dies schafft – je länger, je mehr – Intimität zwischen ihnen. Es ist nach Hellinger ein Vorgang, der mit dem Gehen vergleichbar ist: Um voranzukommen, muß man das Gleichgewicht mit dem einen Fuß immer wieder aufgeben und mit dem anderen Fuß immer wieder herstellen. In ähnlicher Weise bringen sich die Partner in ihrer Beziehung gegenseitig voran. Geschieht dies von einer Seite her nicht mehr, verweigert einer das Geben oder das Nehmen, gerät die Beziehung aus der Balance. Wenn einer nur noch gibt und der andere nur noch nimmt, dann ändert sich der Charakter der Beziehung. Das einseitige Geben des einen und das einseitige Nehmen des anderen schafft zwischen ihnen eine Art Eltern-Kind-Beziehung. Die Frau, die immer nur gibt, wird wie eine Mutter für den Mann, und der Mann, der immer nur gibt, wird wie ein Vater für seine Frau. Die Ebenbürtigkeit der Mann-Frau-Beziehung geht dabei verloren.

Zugleich wächst das Bedürfnis, diese Schieflage wieder zum Ausgleich zu bringen, und zwar auf beiden Seiten: Der immer nur Gebende bekommt das unwiderstehliche Bedürfnis, endlich auch zu nehmen, und wenn nicht vom eigenen Partner, dann eben von einem Dritten, und der immer nur Nehmende gerät dem Gebenden gegenüber in eine aussichtslose Schuldner-Position, und es kann sein, daß er sich einem Dritten zuwendet, um endlich einmal geben zu können und sich nicht mehr so schuldig fühlen zu müssen. Dies ist die Dynamik, aus welcher heraus unter dem Aspekt von Geben und Nehmen Dreiecksbeziehungen entstehen können. Sie sind der Versuch, über einen Dritten einen Ausgleich zu schaffen.

Theo, Maria und Lilo

Die Bilanz von Geben und Nehmen war zwischen Theo und Maria offensichtlich nicht ausgeglichen. Maria hatte jahrelang nur gegeben, ohne Rücksicht auf ihre eigenen Bedürfnisse. Theo dagegen war, was die Beziehung und die Familie betraf, der weit überwiegend Nehmende. Maria hatte auf ihre eigenen beruflichen Interessen, ja überhaupt auf eine eigene Biographie in ihrem Leben mit Theo gänzlich verzichtet. Ihr geheimer Wunsch war es natürlich, dafür auf der persönlichen Ebene von Theo etwas zurückzubekommen: nämlich Liebe, und vor allem Anerkennung. Theo fühlte sich davon überfordert. Seine Arbeitswut fraß seine persönliche Energie auf, und seine Versuche, seinerseits zu geben, waren teils nicht sehr intensiv, teils kamen sie auch bei Maria nicht gut an. Trotz ihres innigen Wunsches, von ihm etwas zu bekommen, tat sie sich schwer, das zu nehmen, was von ihm kam, wenn es nicht genau dem entsprach, was sie sich vorstellte. Er bekam das Gefühl, er könne es ihr ohnehin nie recht machen, und gab seine Versuche im Laufe der Zeit immer mehr auf, im Gegensatz zu ihr, die weiter alles Erdenkliche für ihn tat, bis hin zum Bereitlegen von Wäsche und Bekleidung für die nächste Woche, immer in der unbewußten Hoffnung, von ihm endlich etwas zurückzubekommen. Für Theo aber wurde es immer aussichtsloser, aus der Schuldnerposition herauszukommen. Maria geriet immer mehr in die Rolle der gebenden Mutter, und Theo wurde immer mehr zum undankbaren Jungen. Weil ihm diese Position nicht gefiel, distanzierte er sich immer mehr, baute sich eine Gegenposition auf, von der aus er seine Machtkämpfe mit Maria inszenierte. In der Liebe zu Lilo konnte er, der ältere Freund mit Erfahrung und Väterlichkeit, endlich das beglückende Gefühl bekommen, auch ein Gebender zu sein, der mit dem, was er zu geben hat, jemanden glücklich macht.

Auch hier findet also der Versuch eines Ausgleichs statt: Das einseitige Gefälle von Geben und Nehmen wird »ausgeglichen«. Für den, der immer nur gibt, ist das nicht leicht nachvollziehbar. Er fühlt sich moralisch im Recht und in der Position des Gläubigers, die »Untreue« des anderen empfindet er darum als besondere Undankbarkeit und Unverschämtheit. Er sieht dabei nicht, daß er den anderen permanent ins Unrecht gesetzt hat, so daß dessen Ausbruch ein Versuch sein kann, dieser Position zu entkommen. Sobald Maria die fortschreitende Entfremdung Theos spürte, hätte sie sich weigern müssen, weiter zu geben. Dann hätte diese Paargeschichte eine andere Wende nehmen können. Die moralisch bessere Position des Gebenden in einer solchen Situation aufrechtzuerhalten, zerstört die Substanz der Beziehung, weil sie aus einer ebenbürtigen Partner- eine Eltern-Kind-Beziehung macht. Hätte sich Maria verweigert, wäre dies die angemessene Konfrontation für Theo gewesen. Vielleicht hätte es dann keiner Außenbeziehung bedurft, um die beiden wachzurütteln. So aber trägt der Gebende, so gut er es meint, dazu bei, daß aus der Zweier- eine Dreierbeziehung wird.

Alf, Dorothea und Michael

Bei der Beziehung zwischen Alf und Dorothea fällt auf, daß beim Geben und Nehmen eine umgekehrte Komplementarität zur Polarität von »Dominanz und Unterordnung« besteht. Dorothea ist die überwiegend Gebende, Alf der überwiegend Nehmende. Dorothea hatte sich jahrelang abgerackert, Alfs Vorstellungen zu erfüllen, zuerst als seine Lieblingsschülerin, dann als Mutter der gemeinsamen Kinder. Dies brachte sie allerdings an den Punkt, wo sie merkte, daß sie immer mehr ausbrannte und selber für sich etwas brauchte. Durch die Aufnahme des Studiums tat sie bereits einiges dazu, dieses Gefälle auszugleichen: Sie suchte darin die Rolle der Nehmenden. Aber sich etwas zu holen und von jemandem etwas zu bekommen, das sind nochmals zwei verschiedene Dinge. Alf konnte nicht gut geben. Er konnte bewundern, er konnte sich auch in der Rolle des Förderers gefallen, aber er konnte nicht wirklich für den anderen da sein. Das zeigte sich allein schon darin, wie schwer es ihm fiel, Dorothea lediglich zuzuhören. Wenn sie redete und er schwieg, waren seine Gedanken meist schon wieder bei etwas ganz anderem. In Michael erlebte sie einen Mann, der zuhörte, aufmerksam war, sie in ihrer Meinung und ihren Anschauungen ernst nahm. Das war für sie plötzlich viel wichtiger als die materielle Sicherheit und die äußere Verläßlichkeit, die sie von Alf bekam. Es war für Alf sehr schwierig, das nachzuvollziehen. Denn seinem Eindruck nach war er derjenige, der alles gab. Er bekam keinen Zugang dazu, wie sehr er bei seinem »Geben« um sich selber kreiste, und nur sich, nicht Dorothea dabei sah.

Ria, Thomas und Armin

Rias starke Schuldgefühle werden nicht zuletzt durch das Verhältnis von Geben und Nehmen verständlich. In der Paar-Beziehung war Thomas der überwiegend Gebende. Thomas hatte ja zu ihren Gunsten sein berufliches Engagement reduziert. Thomas war bereit, ihr jeden Wunsch von den Augen abzulesen. Die mit Armin erlebte Sexualität war aber so wichtig für sie, daß das alles weniger wog. Genau das war jedoch der Grund, daß sie sich selbst stark verurteilte. Von ihrer Erziehung her war es ihr nicht leicht möglich, Sexualität für sich so wichtig zu nehmen, zumal ihr im übrigen dazu noch klar war, daß dieser Armin als Partner für ein Zusammenleben gar nicht in Frage kam. Was sie dabei nicht beachtete und was in der Arbeit mit ihr erst herausgeschält werden mußte: Armin sprach sie auf einer Ebene an, die mit Thomas im Verlauf der Jahre verloren gegangen war – auf der Ebene von Mann und Frau. Thomas war für sie zum lieben Jungen, zum Diener, manchmal zu einer Art Mutter geworden. Er gab ihr unendlich viel, aber eben wie eine Mutter ihrem Kind oder aber wie ein lieber Junge seiner Mutter. Als Frau ging sie dabei leer aus. In dieses Defizit stieß Armin, machte es erst bewußt und zeigte damit, in welchem zentralen Bereich der Austausch von Geben und Nehmen zwischen den beiden nicht mehr funktionierte.

Auch der Aspekt der Polarität »Geben und Nehmen« kann also für das Verstehen und Beschreiben von Dreiecksbeziehungen hilfreich sein. Dabei verhält es sich hier wie bei den anderen beiden Polaritäten »Erregung und Sicherheit« und »Dominanz und Unterordnung«. Durch die Außenbeziehung wird nicht nur deutlich, was in der Paarbeziehung fehlt. Dem »Untreuen« erscheint im ersten Sturm der Verliebtheit auch mit einem Mal möglich, was er bisher anscheinend nicht konnte: Theo zum Beispiel erlebte sich als überströmend Gebender, er war mit Lilo so lebendig wie nie zuvor, und er konnte sich dieser Frau anvertrauen, wie es ihm bei Maria nie möglich gewesen war. Ähnliches könnte man von den anderen verliebten »Untreuen« in unseren Beispielen berichten. Dies führt sehr leicht zu zwei Fehlschlüssen: Der erste besteht darin, dem Ehepartner die Schuld an der jeweiligen Misere zu geben. So warf Theo in der ersten Zeit des Dreiecks Maria oft an den Kopf: »Es muß an dir liegen, daß dies oder jenes nicht geht zwischen uns, denn mit Lilo ist das ohne weiteres möglich!« Der zweite Fehlschluß besteht darin zu meinen, das, was jetzt »geht«, sei einfach schon die eigene Fähigkeit und der eigene Besitz. Die »Untreuen« erleben sich in der Beziehung zum/zur Geliebten wie neue Menschen. Wenn die Außenbeziehung allerdings länger dauert und ein gewisses Maß an Alltag auch hier eingekehrt ist, wird oft rasch deutlich, daß sie doch keine neuen Menschen geworden sind. Die alten Probleme kehren zurück. Der Ehepartner war nicht »schuld« an dem Ungleichgewicht. Auch der »Untreue« hat seinen Teil daran, mit dem er jetzt auch in der neuen Beziehung wieder konfrontiert wird. So erlebte sich Theo nach relativ kurzer Zeit in der Beziehung zu Lilo bei weitem nicht mehr so emotional wie am Anfang, und er mußte feststellen, daß es ihm auf die Dauer nicht so viel leichter wurde, ihr gegenüber sein Innerstes zu offenbaren, als dies im Kontakt mit Maria der Fall war.

Dies muß nicht immer so sein. Oft ist es mit dem alten Partner wirklich nicht möglich, ein neues, befriedigendes Gleichgewicht herzustellen, und in der neuen Partnerschaft werden wirklich ganz neue Schritte möglich, die vorher nicht machbar erschienen. Das Beispiel von Dorothea, die sozusagen wie ein Komet startete, sobald sie sich aus der Beziehung zu Alf verabschiedet hatte, macht dies deutlich. Aber häufig wird das, was in der Außenbeziehung plötzlich möglich ist, nicht so schnell zum dauerhaften Besitz. Es ist mehr wie ein Aufleuchten, das schnell wieder erlischt, wenn es dem Betreffenden nicht zum Anlaß wird, sich ernsthaft an die Arbeit mit sich selbst zu machen. Aus diesem Grund allein schon ist es unangemessen, auf den sofortigen Abbruch einer Außenbeziehung zu drängen, bevor sich derartige Entwicklungsprozesse herausgebildet haben.

Im Zentrum der therapeutischen Arbeit steht also die Aufgabe, die Lebensthemen, die auf diese Weise deutlich werden, und die ich hier mit den drei Polaritäten beschrieben habe, in der Dreiecksbeziehung deutlich zu machen. Es sind so gut wie immer Lebensthemen, die auch den »Treuen« und die Beziehung *beider* angehen. Die Partner haben dann die Wahl, sich diesen Themen zu stellen. Tun sie es nicht, ist die Chance vertan, egal ob sie nun zusammen bleiben oder sich trennen. Denn wenn die Erschütterung durch die Krise vorüber ist, leben sie dann meist nach dem alten Muster weiter, ob mit dem alten oder mit dem neuen Partner.

DRITTES KAPITEL

DREIECKSBEZIEHUNG
UND PAARGESCHICHTE

Bei der Beschreibung von Dreiecksbeziehungen war bisher unser Blick auf das gegenwärtige Beziehungsmuster gerichtet – so als ob es dieses losgelöst von der Geschichte des Paares gäbe. Das ist natürlich nicht der Fall. Jedes der beschriebenen Muster hat sich im Laufe der Zeit – manchmal schneller, manchmal erst allmählich – herausgebildet, und bestimmte Ereignisse und Erlebnisse in der Geschichte des Paares haben darauf eingewirkt. Wenn das derzeitige Beziehungsmuster in gewissem Sinn auf eine Außenbeziehung hindrängt, dann hat es demzufolge auch mit der bisherigen Geschichte des Paares zu tun. Zur entwicklungsorientierten Beschreibung von Dreieckskonstellationen kann es darum auch sehr hilfreich sein, diese unter dem Aspekt der Geschichte des Paares zu betrachten. Dabei verfolgen wir gleichsam die in der Geschichte des Paares angelegte »innere Logik«, die in die Dreieckskonstellation hineingeführt hat, wobei das Anliegen wiederum ist, die darin erkennbaren Zukunfts- und Entwicklungsaspekte aller Beteiligten herauszuarbeiten. Dabei konzentriere ich mich wiederum, entsprechend meinem Hauptblickwinkel als Paartherapeut auf die Geschichte des Paares und lasse die Geschichte des/der Dritten außer acht, obwohl ähnliche Überlegungen auch für diese gelten.

1. Lebenszyklus-Aspekte

Ich beginne die Betrachtung der Geschichte des Paares mit dem Moment, an dem das Paar jetzt angelangt ist. Diese Stelle seines Lebenszyklus soll in Beziehung gesetzt werden zum Entstehen der Außenbeziehung. Der Lebenszyklus wird gewöhnlich in der Metapher einer kreis- oder spiralförmig verlaufenden Bahn vorgestellt.[21] Die einzelnen Stationen des Lebenszyklus sind die sogenannten »vorhersehbaren kritischen Lebensereignisse«, wie Heirat, Geburt der Kinder, Schuleintritt der Kinder, Überschreiten der Lebensmitte, Ablösung der Kinder, Ausscheiden aus dem Berufsleben, Tod. Die Abschnitte zwischen diesen Stationen sind die einzelnen Phasen im Leben einer Familie bzw. eines Paares. Die vorhersehbaren kritischen Lebensereignisse werden dabei als kritische Wendepunkte gedacht, die das Bewältigungspotential der Mitglieder eines Familiensystems in besonderer Weise herausfordern. Die Art und Weise der Bewältigung entscheidet wesentlich über den günstigen oder ungünstigen Verlauf der darauffolgenden Lebensphase. Wenn zu den vorhersehbaren noch unvorhersehbare kritische Lebensereignisse treten wie eine chronische Krankheit, ein Unfall, ein vorzeitiger Tod oder – in unserem Fall – eine Außenbeziehung, ist das Bewältigungspotential der Systemmitglieder noch stärker gefordert, oft überfordert, so daß sie in ihrer Lebensbewältigung aus dem Gleichgewicht geraten und fremde Hilfe in Anspruch nehmen müssen. An unseren Beispielen kann dies wiederum verdeutlicht werden.

Theo, Maria und Lilo

Theo und Maria sind ein Paar jenseits der Lebensmitte. Bei Maria war die durch ihren Lebenszyklus bedingte Krisenhaftigkeit offenkundig. Weniger bei Theo. Er stand auf dem beruflichen Höhepunkt und hatte alles, was sich ein Mann in seinem Alter wünschen kann. Aber wie viele Männer in dieser Situation spürte er zugleich, daß der Gipfel überschritten war, und zwar in mehrfacher Hinsicht: Auf der Karriereleiter war er wohl am Ende angelangt. Hinsichtlich der Zahl seiner Lebensjahre hatte er mit Sicherheit den größten Teil bereits hinter sich. Und außerdem spürte er in den letzten Jahren trotz weiterhin guter Leistungsfähigkeit auch seine physischen und psychischen Grenzen. Die Beziehung zu Maria war ausgetrocknet. Früher hatten ihn die Kinder ab und zu gebraucht, z. B. für ihre Schulaufgaben, aber da war er jetzt nicht mehr gefragt, und ansonsten hatte er wenig Kontakt zu ihnen. Er hatte überhaupt wenige persönliche Kontakte. Eine Zukunft ohne

Arbeit konnte er sich, wenn er ehrlich zu sich war, nur grau und öde vorstellen. In dieser Situation erlebte er die Liebe zu Lilo, und damit so etwas wie eine zweite Jugend. Alles, was er früher nicht oder kaum gelebt hatte und wofür die Zeit nun endgültig vorbei schien, zeigte sich nochmals als Möglichkeit.

Männer wie Theo haben oft große Probleme mit dem herannahenden Alter. Je mehr sie ihr Leben ausschließlich von der Leistung her verstanden haben, desto tiefer wird die Krise, wenn das Ende dieser Leistungsfähigkeit in Sicht kommt. Eine junge Geliebte scheint das Gespenst des Alters zu vertreiben. Das ist ein zentraler Grund, warum manche Männer durch eine solche Liebe manchmal derart »aus dem Häuschen« geraten. Die Illusion ewiger Jugend erscheint am Horizont, und das Gespenst des Alters scheint verschwunden zu sein.

Für Maria war es besonders schlimm, dies an Theo zu erleben, weil auch sie in ihrem Lebenszyklus mit dem herannahenden Alter konfrontiert war, und zwar noch direkter und härter als Theo. Als über Fünfzigjährige konnte sie mit der attraktiven Lilo – wir erinnern uns an ihr Bild – in keiner Weise konkurrieren. Die Kinder, bisher Hauptinhalt ihres Lebens, brauchten sie nicht mehr, und beruflich traute sie sich einen Wiedereinstieg als Lehrerin nicht mehr zu. Zweifellos sind Frauen wie Maria gegenüber Männern im gleichen Alter im Nachteil, sowohl beruflich als auch hinsichtlich der geltenden Normen von Attraktivität und Schönheit. Damit wird die Situation für sie besonders kränkend, und es bedarf großer Einfühlung des Beraters/Therapeuten, damit sie sich in dieser Situation verstanden fühlen und nicht aus einem gemeinsamen Prozeß aussteigen, sich zurückziehen und in moralisierenden Selbstschutz flüchten. Oft stellt man sogar fest, daß sie über ihre tatsächliche Benachteiligung hinaus ihre Möglichkeiten noch viel schlechter einschätzen, als sie es realistisch gesehen wären. Denn es zeigt sich immer wieder, daß Frauen in diesem Alter sich durchaus neue Möglichkeiten, auch im Sinne einer beruflichen Selbstverwirklichung, erschließen können.

Maria war ja nun in Wirklichkeit keineswegs das kleine Strichmännchen (oder besser: »-frauchen«) im Hintergrund, als das sie sich gemalt hatte (siehe Abb. 3). Als sie das – freilich durch therapeutische Unterstützung – wieder stärker spürte, gelang es ihr, sich nicht in der Rolle als Opfer oder Anklägerin zu verhärten, sondern entschieden ihre Situation als Fünfzigjährige neu zu regeln. Sie stimmte der vorläufigen äußeren Trennung als einer Chance auch für sich selbst zu und begann sich auch beruflich neu zu orientieren.

Zu diesem Zeitpunkt schrieb sie in einem Brief: »Mir ist, als flösse mein Lebenswasser, das vielleicht überschwemmend, aber auch befruchtend auf den Mann ausgerichtet war, mit dem ich 24 Jahre geteilt habe, nun von ihm abgelehnt, durch viele, viele Schichten ganz tief hinunter: es schmerzt sich so durch. Jetzt bin ich angelangt bei der Erkenntnis, daß nicht auf Dauer gut sein kann, was so gegen mich gerichtet ist. Ich entdecke meine Selbstliebe und plane, was eine Fünfzigjährige (nach dem Großwerden der Kinder) noch Sinnvolles zu tun hat. Und die Liebe zu dem Mann, der getrennt eine wesentliche Entwicklung in seinem Leben erfährt, hüt ich und spür ich als mein Feuer, trotz vieler Tränen.« Maria gelingt es also, anzuerkennen, daß die Außenbeziehung »eine wesentliche Entwicklung« bei Theo in Gang gesetzt hat, und sie entdeckt außerdem das Feuer ihrer alten Liebe zu ihm wieder, als hätte die Außenbeziehung wie ein frischer Wind die Asche weggeblasen, die sich im Laufe der Jahre über der Glut gesammelt hatte.

Dieser Aufbruch Marias wurde freilich auch dadurch unterstützt, daß Theo seinerseits das Illusionäre an der ungleichen Beziehung zu Lilo allmählich durchschaute. Bei allem Zugewinn an Selbstwertgefühl, den ihm diese junge Frau einbrachte, machte er sich klar, daß er dadurch nicht wirklich jünger wurde und »ein ganz neues Leben« beginnen konnte. Er gestand sich ein, daß auch das Wiederaufleben sexueller Intensität die schmale Bandbreite seines bisherigen Lebens nicht wirklich verbreiterte. Er sah immer deutlicher, daß es seine eigene Verantwortung und Aufgabe war, neben seinem zielorientierten Machertum dem Spielerischen, Kreativen, Platz zu schaffen, und daß er diese Aufgabe keineswegs an die Geliebte delegieren konnte, wie es viele in seiner Lage tun und so nur wieder eine neue Form von Ausbeutung installieren. Theo setzte neue Prioritäten in seinem Leben, und er erkannte immer deutlicher, daß Lilo ihn gerade noch rechtzeitig, bevor er die Schwelle zum Alter überschritten hatte, dazu herausgefordert hatte, daß sie aber nicht die sein konnte, die ihn auf diesem Weg begleitete.

Dieser beidseitige Aufbruch, den die Außenbeziehung »erzwungen« hatte, der Aufbruch Marias »ins Leben draußen« und der Aufbruch Theos »ins Leben innen«, brachte die beiden trotz der äußeren Trennung einander wieder näher. Auch sexuell belebte sich »ihr Feuer« wieder, wie Maria berichtete. Die Beziehung zu Lilo dagegen trat in den Hintergrund.

Alf, Dorothea und Michael

Auch bei Alf und Dorothea fällt durch den Aspekt des Lebenszyklus neues Licht auf die Dreierbeziehung. Lange Zeit hatte für Dorothea der Altersunterschied von 20 Jahren zu Alf keine besondere Rolle gespielt. Erst im Kontakt zu Michael ging ihr auf, daß Alf einer anderen Generation angehörte. Er hatte schon eine Ehe hinter sich, war auf der Höhe seiner beruflichen Laufbahn – sie dagegen war in mehrfacher Hinsicht ganz am Anfang. Das machte ihr mit einem Schlag das Gefühl von Ungleichgewichtigkeit, das sie immer schon gehabt hatte, verständlich. Sie war unmittelbar von zu Hause »per Kopfsprung« diese Ehe eingegangen und hatte sich weder beruflich noch in Beziehungen Such- und Probierphasen erlaubt. Mit ihrem Freund Michael erlebte sie eine große und tiefe Gemeinsamkeit, nicht zuletzt deshalb, weil dieser im Lebenszyklus an derselben Stelle stand wie sie selber. Hier wird die Bedeutung von Gleichzeitigkeit und Ungleichzeitigkeit im Lebenszyklus für Beziehungen deutlich. Große Unterschiede können auf der Paarebene eine unüberbrückbare Fremdheit schaffen, was in Phasen von Verliebtheit oft allzuleicht ignoriert wird. Während Alf schon an der Schwelle zum Alter stand, erlebte sich Dorothea – zwar nicht dem Alter, aber der Entwicklung nach – noch in der Ablösephase von ihrer Herkunftsfamilie. Für Alf war es allerdings äußerst schwierig und auch sehr kränkend, diesen Unterschied »wahr«-zunehmen. Er fühlte sich als Opa, der zum alten Eisen geworfen wurde, als der Jüngere auftauchte. Wenn das Alter beim

Verlassenen eine Rolle spielt, werden Außenbeziehungen von diesem als besonders schlimm erlebt. Darum ist hier auch der Therapeut/Berater in besonderem Maße gefordert, den Betroffenen zu einer neuen Sichtweise zu verhelfen, in der auch Chancen des Älteren deutlich werden. In der Beratung selbst gelang dies bei Alf anscheinend nicht. Es war allerdings auffallend, daß er sich nach einiger Zeit der Wut und Trauer auf eine ganz neue Weise seinem Beruf zuwandte, hier ganz neue Initiativen entfaltete und eine Kreativität an den Tag legte, wie sie Dorothea zuvor an ihm nicht gekannt hatte. Es war, als würde die Situation trotz aller Kränkung auch für ihn jetzt besser stimmen und als wäre die Hinwendung Dorotheas zu Michael auch für ihn eine uneingestandene Befreiung gewesen.

Thomas, Ria und Armin

Bei Thomas und Ria bringt der Lebenszyklus-Aspekt zutage, daß die beiden eine wichtige Phase in ihrem gemeinsamen Leben, nämlich die Phase des kinderlosen Paares, nicht wirklich gelebt haben. Sie hatten zwar längere Zeit keine Kinder, aber das asymmetrische Beziehungsmuster – Thomas, der »Diener«, Ria »die Prinzessin«, das sich sehr bald etabliert hatte, verhinderte, daß sie diese Zeit für ihre erotische Beziehung nutzten. Ria erlebte Thomas manchmal als lieben Jungen, der sie toll fand und bewunderte, dann wieder als fürsorgliche Mutter, die sie versorgte. Und dementsprechend fühlte sie sich ihm gegenüber einmal als starke Mutter und das andere Mal als Kind. Das ergab zwar sehr viel kuschelige Vertrautheit, aber wenig Spannung. Sie waren einander wie Mutter und Kind, hatten aber versäumt, ein Stück unbeschwerter, wilder Jugend miteinander zu leben. Als das Kind kam, verstärkte sich diese Tendenz zusätzlich. Es zeigt sich aber immer wieder, daß sich Phasen im Lebenszyklus nicht ungestraft überspringen lassen, sondern gelebt werden wollen, damit der Übergang in die nächste Phase gut vonstatten geht. Geschieht das nicht, verlangen sie zu einem späteren, oft »unpassenden« Zeitpunkt ihr Recht. In der Ausnahmesituation des Fortbildungsseminars und durch die draufgängerische Art Armins, brachte sich

70

bei Ria und Thomas die übersprungene Phase dramatisch zur Geltung – denn mit Armin konnte Ria das leben, was sie sich mit Thomas nicht erlaubt hatte. Eine ungelebte Phase in ihrem eigenen Leben drängte hier mit aller Macht darauf, nachgeholt zu werden.

Unter dem Lebenszyklus-Aspekt erscheinen also Außenbeziehungen immer wieder als der Versuch, angesichts der schwindenden Zeit ungelebtes Leben nachzuholen. Wenn eine wichtige Phase im Lebenszyklus ausgelassen oder nicht wirklich ausgeschöpft wurde, scheint eine Außenbeziehung oft der Versuch zu sein, nochmals an den übersprungenen Punkt zurückzukehren. Dies kann für die Betroffenen sehr hilfreich sein und ein bislang ungestilltes Bedürfnis endlich zur Ruhe bringen. Das sexuelle Erleben in der Außenbeziehung kann jemanden in einer Weise als Mann oder als Frau zu sich selbst finden lassen, wie er es vorher nicht erlebt hat, und wie er es auch in Zukunft nicht mehr braucht. Wenn er es gefunden hat, kann er es auch gut sein lassen, selbst wenn es in der eigenen Beziehung in dieser Intensität nicht möglich ist und bleibt. Man könnte hier auch vom »Schließen einer offenen Gestalt« sprechen. Es scheint allerdings wichtig zu sein, den rechten Zeitpunkt des »Schließens« nicht zu verpassen. Genau das ist aber häufig der Fall. Die »Untreuen« fangen an, am Erlebten festzuhalten, und dadurch geht der Gewinn wieder verloren: Das »Nachholen« wird zu einem illusionären Festhalten, das zerstörerisch wirkt.

Außerdem ist dieses »Nachholen« für die Paarbeziehung ein belastender und gefährdender Vorgang. Aus den genannten Gründen erleben es die »treuen« Partner oft so kränkend, daß die Beziehung daran zerbricht. Freilich kann es auch anders gehen, wie das Beispiel Marias zeigt: daß nämlich auch die Gekränkten trotz der Kränkung fähig werden, das Thema »Nachholen des Ungelebten« zu ihrem eigenen Thema zu machen und es als Herausforderung für ihr Leben anzunehmen.

Dies glückte auch bei Ria und Thomas in einer guten Weise. Thomas nahm die Herausforderung, die er von Armin spürte, an und machte sich seinerseits so intensiv auf den Weg, daß Ria die

Beziehung zu Armin mit guten Gefühlen beenden konnte. Was in der Außenbeziehung angesprochen wurde, war in ihrer Ehebeziehung neu zum Leben erwacht.

2. Die Paargeschichte

Der Lebenszyklus-Aspekt betrachtet die Stelle, an der das Paar in seiner Geschichte jetzt angekommen ist. Der Aspekt der Paar-Geschichte betrifft die Zeit bis dahin von dem Moment an, wo die beiden ein Paar wurden. Bei der entwicklungsorientierten Beschreibung von Dreiecksbeziehungen hat die zurückliegende Zeit der Beziehung des Paares fast immer große Bedeutung.

Verletzungen

Die Außenbeziehung kann gleichsam das Ergebnis und die Konsequenz einer langen Kette von gegenseitigen Verletzungen sein, welche die Liebe des Paares aufgebraucht haben. So war es bei Theo und Maria. Als nach der Geschichte dieses Paares gefragt wurde, kam heraus, daß sich Theo vor allem durch zwei Dinge von Maria zutiefst verletzt und gekränkt gefühlt hatte, worüber aber nie ein Gespräch möglich gewesen war: Es war einmal ihre Bemerkung, er würde sich im Grunde ja nur selber befriedigen, wenn er mit ihr schliefe, und zum anderen war es die Tatsache, daß sie ihn immer mehr aus ihrem Leben und dem Leben der Kinder ausgegrenzt hatte. Darum herum hatte er ein wahres »Museum von Verletzungen« angelegt, in dem fein säuberlich alle Situationen aufbewahrt waren, in denen sie ihn in irgendeiner Form hatte abblitzen lassen. Direkt darüber gesprochen hatte er freilich nie. Aus Marias Sicht war jedoch beides, sowohl die sexuelle Zurückweisung als auch die Tatsache, daß sie ihn aus dem gemeinsamen Leben ausgeschlossen hatte, eine Reaktion auf Theo. Sie war enttäuscht, daß all ihr Einsatz für ihn ins Leere gegangen war. Sie fand, daß er ihre Zuwendung dazu ausnutzte, seine Kräfte immer vollständiger in den Beruf zu stecken. Auch sie hatte einen großen »Speicher« mit zahllosen Verletzungen angelegt, an denen sie sich immer wieder vergegenwärtigte, wie oft sich Theo nicht um ihre Bedürfnisse gekümmert hatte. Auch sie hatte nie direkt mit ihm darüber gesprochen. Auf dem Hintergrund dieser fortgesetzten Verletzungen erschien die Beziehung zu Lilo sozusagen als ein letzter konsequenter Schritt des Auseinanderdriftens.

Gleichzeitig aber war darin ein Schritt zur Wende angelegt. Die Außenbeziehung machte diese endlose Kette der Verletzungen zum ersten Mal offen sichtbar. Die jahrelang verschlossenen Ventile öffneten sich. Beide konnten wechselseitig zum Ausdruck bringen, was sie sich in der Beziehung gegenseitig angetan hatten, zusammen mit allen Gefühlen, die damit verbunden gewesen waren. Zuerst geschah das durch heftige gegenseitige Vorhaltungen, dann – während der Therapie – in der konstruktiven Form eines »Wiedergutmachung-Rituals« (vgl. dazu Kap. 6).

Dieses Zutagefördern und Besprechen der gegenseitigen Verletzungen wird in der Paar-Arbeit manchmal viel wichtiger als die Tatsache der Außenbeziehung. Nun erst wird deutlich, was alles in dieser Beziehung schwelte. Die Außenbeziehung wird lediglich als das akute Aufflammen dieses bereits lang dauernden Schwelbrandes sichtbar. Die Auseinandersetzung mit der »Geschichte wechselseitiger Verletzungen« kann zwei Ergebnisse zeitigen: Das eine ist gegenseitiges Verstehen, Anerkennen und Verzeihen. Bei Theo und Maria schaffte das zum Beispiel eine neue Erfahrung von Nähe, die ihnen einen neuen Anfang in der Ehe ermöglichte. Das andere mögliche Ergebnis ist, daß einer oder beide feststellen, daß die Liebe unter der Ascheschicht der Verletzungen im Laufe der Jahre tatsächlich erloschen ist. In diesem Fall ist eine Trennung die Konsequenz.

Geheimer Beziehungs-Vertrag

Die Außenbeziehung kann den »unstimmigen« ursprünglichen »Beziehungsvertrag« deutlich machen. Unter »Beziehungsvertrag« verstehe ich hier nicht die ausdrücklichen Vereinbarungen am Anfang der Beziehung, sondern das, was die beiden unbewußt »ineinanderhaken« läßt, weil es von den ungestillten Sehnsüchten und Bedürfnissen der beiden so gut zueinander »paßt«. Diesen

»geheimen« Beziehungsvertrag, der die Verbindung zwischen Dorothea und Alf beispielsweise ausmachte, könnte man folgendermaßen formulieren. Aus der Sicht von Alf:»Ich hole dich, Dorothea, aus deiner Familie heraus, und dafür läßt du dich nach meinem Idealbild formen.« Und aus der Sicht von Dorothea:»Ich lasse mich von dir zum Idealbild formen, und du holst mich dafür aus meiner Familie heraus.« Diese impliziten Beziehungsverträge bestimmen oft weitgehend die Dynamik der Beziehung. Dorothea versuchte zwar sehr bald, sich aus dem Vertrag zu lösen, indem sie die beruflichen Vorstellungen, die Alf mit ihr hatte, durchkreuzte und Mutter wurde. Aber auch als Mutter gehorchte sie nur auf andere Weise den»Vertragsbedingungen«. In allem war sie bestrebt, Alfs Idealvorstellungen zu erfüllen und auf ein eigenes Leben zu verzichten. Erst die Beziehung zu Michael öffnete ihr die Augen. Sie erkannte, daß sie weder Alfs Idealbild entsprechen, noch durch ihn von ihrer ungelösten Vaterbindung befreit werden konnte. Sie hatte im Gegenteil mit ihm ihre Vaterbindung nur wiederholt. Über die Erfahrung der Außenbeziehung löste sie den impliziten Beziehungsvertrag mit Alf auf. Dies hatte bei ihr allerdings die schmerzliche Konsequenz, daß die Beziehung auch äußerlich getrennt werden mußte, was in diesem Fall auch die zeitweise Trennung von den Kindern zur Folge hatte.

Verrat an der Beziehungs-Vision

Die Außenbeziehung kann eine Reaktion der Enttäuschung auf den»Verrat« am ursprünglichen»Paarmythos«[22] sein. Wenn zwei Menschen sich ineinander verlieben, haben sie immer ein zukunftsweisendes Bild voneinander und von sich als Paar, eine gemeinsame»Paar-Utopie«. Diese motiviert Paare dazu, es miteinander zu versuchen. Einerseits enthält diese Utopie illusionäre Träume von Anerkennung und Bedürfnisbefriedigung, wie sie in bezug auf eine erwachsene Partnerschaft völlig unrealistisch sind, was ohne Zweifel mit»unerledigten Angelegenheiten« aus der Herkunftsfamilie zusammenhängt. Sie enthält aber auch die»besten Möglichkeiten« einer Beziehung und ist damit eine wichtige Ressource. Die Beziehungs-Utopie muß sich im Verlauf der Geschichte eines Paares wandeln, sie muß sozusagen gereinigt, muß realitätsnah werden, aber das Zurückgreifen auf sie kann dem Paar immer wieder neue Impulse verleihen. Ich erlebe oft, daß die Frage nach der Beziehungs-Utopie die Stimmung in der Beratungssituation vollständig verändert. Die drückende Atmosphäre hellt sich auf, die Augen der beiden Partner beginnen zu leuchten, während sie von ihrer Ursprungs-Utopie reden, und sie beginnen in deren Licht auch im Hier und Jetzt positive Seiten aneinander zu entdecken, die von den Schwierigkeiten, in denen sie gerade stecken, verdeckt waren.

Thomas und Ria hatten sich seinerzeit zusammengetan, weil sie voneinander die Vision hatten, miteinander eine Alternative zu ihren erdrückend konventionellen Elternhäusern zu entwickeln. Lebendigkeit, Intensität, flexible Rollengestaltung, unkonventionelle Lebensweise: Das waren die Hoffnungen, die sie an ihr Zusammenleben knüpften. Ohne es recht zu merken, schlitterten sie aber sehr bald in ein nicht weniger konventionelles und langweiliges Leben, lediglich mit »umgekehrten Vorzeichen«: Die traditionelle »Männerrolle« wurde von der Frau, die traditionelle »Frauenrolle« vom Mann übernommen. Die beiden gestanden sich das nicht ein, aber besonders Ria wurde immer unzufriedener. Ihr Ausbruch war unter diesem Aspekt ein Protest gegen diesen »Verrat« an der ursprünglichen Beziehungsutopie. An der Beziehung zu Armin wurde ihr erst wieder bewußt, unter welcher Devise sie mit Thomas eigentlich aufgebrochen und was daraus nun geworden war. Gerade weil Armin als Dauer-Partner für sie nicht in Frage kam, wurde ihr deutlich, daß sie die bei ihm erfahrene Lebendigkeit eigentlich viel lieber mit Thomas wollte, dem sie sich innerlich viel mehr verbunden fühlte als Armin.

In Außenbeziehungen kann also durchaus die ursprüngliche Utopie der eigenen Beziehung schlagartig aufblitzen. »Das habe ich mir eigentlich von dir gewünscht«, oder: »Das habe ich mir erhofft, mit dir leben zu können!« So kann der/die Geliebte zu einer Art Katalysator werden, der das ursprüngliche Beziehungs-Potential wieder zum Vorschein bringt. Wenn darüber nicht schon zu viele Enttäuschungen angehäuft sind, kann das, wie bei Ria und Thomas, zu einem neuen Aufbruch führen.

3. Entwicklungsphasen der Paarbeziehung

Um Krisen einer Paarbeziehung in ihrem inneren Sinn zu verstehen, ist es nützlich, außer dem familiären Lebenszyklus, in den Paare eingebettet sind, und außer den konkreten Ereignissen in der Geschichte des Paares auch noch die Eigengesetzlichkeit der Entwicklung einer Paarbeziehung mit in den Verstehensprozeß einzubeziehen. Unter dem Aspekt von »Bindung und Autonomie«, auf den wir schon bei den gegenwärtigen Beziehungsmustern von Paaren zu sprechen kamen, kann die Entwicklung von Paarbeziehungen in einer Abfolge von typischen Phasen gesehen werden. Die Phasen ergeben sich aus einer Art Pendelbewegung, die das Paar im Laufe seiner Geschichte zwischen den Polen »Bindung« und »Autonomie« vollzieht. Die Partner streben zu beiden Polen, weil sie zentralen Bedürfnissen entsprechen, aber beide Pole scheinen schwer vereinbar miteinander zu sein. Am Pol Bindung droht für den einzelnen im Extrem der Ich-Verlust, was der Anstoß dazu ist, sich nach dem anderen Pol hin in Richtung Autonomie in Bewegung zu setzen. Am Pol Autonomie wiederum droht der Du-Verlust, also der Verlust des Partners, Grund genug, sich wieder auf den Pol Bindung hin zu bewegen.

Ziel und Sinn dieser Pendel-Bewegung ist es wohl, zu einer Synthese von Bindung und Autonomie zu kommen, also zu einem Zustand, in dem sich beide Partner, wenn sie sich auf dem Pol Bindung befinden, auch »ganz bei sich«, nämlich autonom fühlen, und wenn sie sich auf dem Pol Autonomie befinden, sich auch »ganz beim anderen«, in Bindung zu ihm erfahren.

Eigentlich handelt es sich also nicht um eine Pendel-, sondern um eine Spiralbewegung. Die Pole Bindung und Autonomie werden immer wieder berührt, aber auf jeweils neuen und »höheren« Ebenen, auf denen sie sich mehr und mehr annähern und zu einer Art Synthese kommen. Dabei ist der Gegensatz zwischen Bindung und Autonomie auf den »unteren«, unreiferen Stufen der Entwicklung am größten. Bindung zeigt sich hier als Gebundenheit und Autonomie als »Abgrenzung von« oder »Abgrenzung gegen«. Der Gegensatz von Bindung und Autonomie ist auf den reiferen Stufen der Entwicklung am geringsten. Bindung und Autonomie zeigen sich hier als zwei Aspekte ein und derselben Grundhaltung.

Ich gehe davon aus, daß eine Paarbeziehung am Anfang viele Elemente unreifer Beziehungen enthält, die eigentlich in frühere Phasen der Entwicklungsgeschichte hineingehören und noch nicht überwunden sind. Darum tragen Paarbeziehungen am Anfang oft vielfältige Züge von Eltern-Kind-Beziehungen, die erst im Laufe der Entwicklung einer Beziehung überwunden und in reifere, erwachsenere Formen von Beziehung überführt werden. Wenn wir unter diesen Aspekten die Entwicklung einer Paarbeziehung betrachten, können wir folgende fünf charakteristische Phasen [23] unterscheiden, die sich im Laufe einer Partnerschaft immer wieder gleichsam in einer Spiralbewegung auf unterschiedlichen Ebenen wiederholen:

Phase der Verschmelzung

Hier befinden sich beide Partner auf dem Pol Bindung. Die Beziehung trägt stark symbiotische Züge. Es gibt zahlreiche Kind-Eltern-Erwartungen der Partner aneinander, zum Beispiel des Mannes an seine Frau wie an eine gute Mutter und gleichzeitig die der Frau an den Mann wie an einen guten Vater. Diese Phase ist typisch für das Stadium der Verliebtheit. Die Ich-Grenzen verschwimmen, das Paar erlebt sich als Einheit.

Phase des Widerstands gegen die Verschmelzung

Hier beginnt sich das Paar oder einer der beiden Partner vom Pol »Bindung« wegzubewegen, weil sich das Bedürfnis nach mehr Eigenständigkeit meldet. Ähnlich der Trotzphase in der individuellen Entwicklung wird dieser Schritt zur Autonomie zuerst in einem »Gegen« vollzogen. Der andere wird nicht mehr als ergänzend, sondern mehr und mehr als hinderlich erlebt. Die Beziehung wird offen oder versteckt konflikthaft. Beide beginnen, sich offen oder heimlich zu bekämpfen. Haben sie sich in der ersten Phase idealisiert, beginnen sie sich jetzt zu verteufeln, hatten sie in der ersten Phase Erwartungen aneinander wie Kinder an gute Eltern, so kämpfen sie jetzt gegeneinander wie Kinder gegen »böse Eltern«. Zum Beispiel wird jetzt die Frau für den Mann wie eine festhaltende Mutter und der Mann für die Frau wie ein abweisender oder überdominanter Vater. Damit ist auch schon angedeutet, daß die beiden noch keineswegs gelöst sind voneinander, im Gegenteil, sie sind immer noch stark symbiotisch aneinander gebunden, jedoch mit negativen Vorzeichen. Häufig besteht der Konflikt in dieser Phase auch darin, daß einer der beiden auf den Pol Autonomie hindrängt, während der andere noch immer an seinem symbiotischen Bild der Beziehung festhält und dieses verteidigt.

Phase der Distanzierung und Differenzierung

Diese Phase beginnt, wenn einer der Partner oder beide Partner den Schritt in echte Selbstverantwortung machen. In der ersten Phase (Verschmelzung) hatten beide die Tendenz, eigene Defizite mit den »strahlenden« Fähigkeiten des anderen vor sich selber zu verstecken. Der zurückhaltende Mann wurde durch die Lebendigkeit der Frau selber scheinbar lebendig. In der zweiten Phase (Widerstand) neigten beide dazu, die eigenen Defizite dem anderen anzulasten: Der zurückhaltende Mann sagt zur Frau: Ich kann nicht anders sein, du überrollst mich ja mit deiner Hyperaktivität. In der dritten Phase, der Distanzierung und Differenzierung, übernimmt nun jeder der beiden die Verantwortung für seine eigenen Defizite selber und entläßt den anderen aus der Verantwortung dafür. Der Mann in unserem Beispiel wendet sich nun seiner eigenen Zurückhaltung zu und erkennt und anerkennt sie als Gehemmtheit, mit der sich auseinanderzusetzen seine eigene Aufgabe ist. Dies führt zu einem Auseinanderrücken der beiden Partner und zu einer Hinwendung zu den eigenen Themen, eigenen Interessen und eigenen Fragestellungen des Individuums.

Phase der Wiederannäherung

In der vorherigen Phase sind die beiden Partner sozusagen auf dem Pol »Autonomie« angekommen. Nun setzt die Bewegung zurück, zum Pol »Bindung« wieder ein. Ähnlich wie die zweite Phase ist diese vierte Phase der Wiederannäherung eine Übergangs-phase, und damit eine Phase der Unsicherheit. Was in der Diffe-renzierungsphase an Autonomie dazugewonnen wurde, soll erhal-ten bleiben und in die Beziehung wieder eingebracht werden. Viele Paare sichern diesen Vorgang ab, indem sie nun einen neuen Beziehungsvertrag verfassen, in dem die Individualität des einzel-nen stärker zum Zuge kommt.

Phase der Vereinigung auf einer reiferen Stufe

Hier ist das Paar wieder am Bindungspol angelangt, allerdings auf einer neuen, einer reiferen Ebene. Der Zugewinn an Autonomie aus der vierten Phase ist integrativer Bestandteil ihrer Beziehung. Eigenständigkeit wird nicht mehr als Verrat an der Beziehung er-lebt. Es ist die Phase einer reifen Bindung. Nicht mehr »ich liebe dich, weil ich dich brauche« wie in der ersten Phase, sondern »ich brauche dich, weil ich dich liebe« (Erich Fromm). Der andere wird nicht mehr als Erweiterung des eigenen Ichs (erste Phase), nicht mehr als Einschränkung des eigenen Ichs (zweite Phase), sondern als Herausforderung zur Entwicklung des eigenen Ichs erlebt. In der dritten Phase, der Phase der Distanzierung, droht der andere zeitweise unwichtig zu werden, weil die eigene Person stärker in den Vordergrund rückt. In der fünften Phase ist er dagegen wie-derum außerordentlich wichtig, aber nicht mehr, um ihn symbio-tisch einzuverleiben wie in der ersten Phase oder ihn abzustoßen wie in der zweiten Phase, sondern als ein echtes Gegenüber, an dem ich mich orientiere, an dem ich mich reibe, mit dem zusam-men ich kreativ Neues entwickle.

Die Darstellungsweise dieser fünften Phase ist notwendiger-weise idealtypisch und gibt einen Endpunkt der Entwicklung an. In der Realität enthält diese fünfte Phase auch viele Elemente der ersten Phase, was eine Wiederholung des Kreislaufs nötig macht. Beim mehrfachen Durchlaufen der Spiralbewegung än-dert sich jedoch der Charakter der einzelnen Phasen. Je mehr die Bindung den Charakter von unreifer Gebundenheit (erste Phase) verliert, desto weniger muß der Aufbruch in eine neue Autono-miephase »gegen den anderen« erkämpft werden (zweite Phase), desto weniger weit muß man sich aber auch in der Differenzierungsphase (dritte Phase) voneinander entfernen, und desto weniger unsicher wird die Wiederannäherung (vierte Phase). Die Bewegung wird also insgesamt weniger konflikthaft, wird leichter, spielerischer, ähnlich einer Tanzbewegung, in der die beiden Tänzer sich immer wieder loslassen und ihre eigenen Figuren machen können, ohne die Angst zu haben, sich dabei aus dem Auge zu verlieren.

»Steckenbleiben«

Das dargestellte Entwicklungsmodell macht eine innere Entwicklungstendenz deutlich. Es ist allerdings keineswegs so, daß diese bei allen Paaren in gleicher Weise zum Tragen kommt. Paare können in jeder der geschilderten Phasen steckenbleiben, mit Ausnahme der fünften, insofern sie idealtypisch gesehen wird. Das »Steckenbleiben« führt zu einer jeweils typischen Entwicklungskrise. Dreiecksbeziehungen können unter dem Aspekt gesehen werden, daß in ihnen solche Entwicklungskrisen einer Paarbeziehung zum Ausdruck kommen. Je nachdem, in welcher Entwicklungsphase sie auftreten, können Dreiecksbeziehungen also sehr unterschiedliche Krisen der Paarbeziehung signalisieren. Damit aber werden in ihnen auch unterschiedliche Entwicklungsaufgaben angesprochen. Darauf möchte ich im folgenden eingehen.

Paare können in der ersten, der Verschmelzungsphase, steckenbleiben. Einer oder beide Partner halten an der Idee der vollkommenen Einheit in der Beziehung fest. Sie unterdrücken den Drang nach Eigenständigkeit und nehmen dafür Unlebendigkeit und Infantilität in Kauf. Der Drang nach Eigenständigkeit macht sich dann gar nicht oder nur verdeckt bemerkbar, zum Beispiel in sexueller Lustlosigkeit oder allerlei »grundlosen« Erkrankungen und depressiven Zuständen. Eine Außenbeziehung in dieser Situation kann das unterdrückte Streben nach Autonomie mit einem Schlag zum Vorschein und zum Tragen bringen. Die Beziehung zum/zur Geliebten lockert das symbiotische Band, das die

Partner aneinanderkettet. Die Außenbeziehung wird zum Aufbruch in Richtung Autonomie. Am deutlichsten wird dies in unseren Beispielen bei Thomas, Ria und Armin. Armin »bricht« in eine chronifizierte Verschmelzungsphase von Ria und Thomas ein. In ihrer wechselseitigen Verstrickung werden sie immer mehr Mutter und Kind füreinander und verlieren sich immer mehr als Mann und Frau. Armin reißt Ria aus dieser »Familienidylle« mit einem Schlag heraus und zerstört damit die Symbiose. Thomas zeigt dies auf dramatische Weise an. Sein tagelanges Weinen signalisiert die Trauer des Kindes um das verlorene Paradies. Männer wie Thomas erregen oft tiefes Mitgefühl. Sie haben einen so guten Willen, und sie meinen es so gut. Sie wollen so vieles anders und besser machen als ihre Väter. Sie bringen ein ungeheures Engagement auf, und all dieser Einsatz und gute Wille wird von der Frau mit Untreue belohnt. Das macht die Frauen dann oft krank vor schlechtem Gewissen, wie es ja auch Ria zeigt, und bringt ihnen die übelste Nachrede ihrer Umgebung ein. Man darf aber nicht aus den Augen verlieren, daß das Paradies, das sie damit zerstören, ein Kinderparadies ist, das verlorengehen *muß*, weil es am Erwachsenwerden hindert. An Thomas und Rias Beispiel wird deutlich, wie eine Außenbeziehung »notwendig« sein kann, um eine Entwicklung wieder in Gang zu bringen.

Paare können auch in der Widerstandsphase steckenbleiben. Dies ist oft bei Partnern der Fall, die sich in einem unfruchtbaren Kampf gegeneinander verstrickt haben und keinen Weg mehr heraus finden. Es ist keineswegs so, daß solche streitenden Paare weit voneinander entfernt wären, wie es manchmal wegen der ständigen Auseinandersetzungen erscheinen mag. Im Gegenteil: Sie sind nicht weniger eng zusammen als Paare in der Verschmelzungsphase. Der Grund dafür, daß sie so viel streiten, liegt gerade darin, daß sie nicht auf positive Weise Distanz halten können. Der Streit führt zwar immer wieder zur Abgrenzung, aber zu keiner echten Distanzierung. Man stößt sich immer wieder nur so weit voneinander ab, daß man sich selber spüren kann, aber kommt dabei nicht wirklich auf eigene Füße.

Die Entstehung einer Dreiecksbeziehung in dieser Phase dient oft diesem »Spiel«. Der oder die Dritte wird als Kampf- und Abgrenzungs-»Mittel« in die Auseinandersetzung miteinbezogen. Insofern dient er/sie dann eher der Stabilisierung der Paarbeziehung. Der/die Dritte ist nur so lange interessant, bis die nötige Distanz wieder hergestellt ist oder die zu groß werdende Unterlegenheit wieder ausgeglichen ist. Ist das geschehen, wird der/die »Dritte« oft wieder »entlassen«. Häufig wechselnde kurzfristige Außenbeziehungen haben diesen Charakter und sind dann keineswegs entwicklungsfördernd, weil sie eher der Chronifizierung der Widerstandsphase dienen. Mit Recht fühlen sich dann der bzw. die Geliebten »funktionalisiert« und mißbraucht, denn sie sind in diesem Fall nur wichtig, insofern sie ein Gegengewicht gegen den Ehepartner darstellen, als eigene Person haben sie aber keine Bedeutung.

Die Außenbeziehung lebt hier in besonderem Maß von der spezifischen Eigenart der Paarbeziehung. Sie wird wirklich »gebraucht«, weil die Ehebeziehung so ist, wie sie ist. Wenn es dann aus irgendwelchen Umständen heraus doch zu einer Auflösung der Ehebeziehung kommt, kann sich die Situation der Außenbeziehung drastisch verändern. Sie lebt nun nicht mehr von der Ehebeziehung, ist keine »Außen«-Beziehung mehr. Oft führt das dazu, daß es auch in dieser »Außen«-Beziehung zu einer Trennung kommt. Die »Liebe«, so heftig sie auch gefühlt worden sein mag, zeigt sich plötzlich als viel abhängiger vom desolaten Zustand der Paarbeziehung, als es die Beteiligten wahrhaben wollten. Ist die Misere der Ehe beendet, ist plötzlich auch der/die Geliebte nicht mehr so anziehend.

Derartige Zusammenhänge lassen sich gut an unserem Dreieck Theo, Maria und Lilo beobachten. Theo und Maria können als ein Paar gesehen werden, das über lange Jahre hinweg in der Widerstandsphase steckengeblieben war. Am Anfang stand eine Reihe von Enttäuschungen. Die symbiotischen Wünsche beiderseits wurden nicht erfüllt, aber auch nicht aufgegeben oder transformiert. Jeder hielt im stillen daran fest, forderte sie ein und wurde immer wieder enttäuscht. Die Beziehung zu Lilo war in der ersten Zeit so etwas wie die Quittung, die Theo Maria für den Frust der letzten Jahre präsentierte. Er wollte ihr durchaus damit auch »etwas heimzahlen« und ihr mit der Geliebten zeigen, wie viel er als Mann und wie wenig sie als Frau noch wert sei. Als dann Maria sehr heftig reagierte, erschrak er, wollte doch nicht alles aufs Spiel setzen und neigte zeitweise dazu, die Beziehung zu Lilo wieder abzubrechen. Dies ist genau der Zeitpunkt, an dem Dreiecksbeziehungen »Spielcharakter« bekommen können und zum »Retter-Opfer-Verfolger-Spiel« mit wechselnden Rollen werden.[24] Theo könnte, um Maria zu beruhigen und nicht alles aufs Spiel zu setzen, die Beziehung zu Lilo wieder abbrechen. Der Friede wäre hergestellt, aber es bliebe alles beim alten. Mit großer Wahrscheinlichkeit würde Theo die Beziehung entweder heimlich wieder aufnehmen, bis sie wieder entdeckt würde, oder er würde sich mit anderen Frauen einlassen, und derselbe Kreislauf würde sich wiederholen. Das Ganze wäre dann zwar ein Versuch, sich aus der negativ-symbiotischen Verkettung zu lösen, aber ein Versuch, der nie ganz gelingt. Für mich hat es den Anschein, daß Frauen, die sich über ihr Schicksal als Geliebte heftig beklagen, wie es in letzter Zeit in Büchern und Illustriertenartikeln häufig zu lesen ist, in solche spielartigen Dreiecksbeziehungen verwickelt sind. Zu Recht fühlen sie sich funktionalisiert und zum Spielball gemacht. Die Frage ist dabei allerdings, warum sie so lange bereit sind, dabei mitzuspielen, und was ihr eigener Anteil daran ist, sich auf solche »Spiele« immer wieder einzulassen.

Wie bereits angedeutet kam es bei Theo, Maria und Lilo anders. Dafür sorgte schon Lilo, die sehr betroffen und erbost auf Theos Erwägungen reagierte, sich von ihr wieder zu trennen. Das machte diesem bewußt, daß er mit der Beziehung nicht mehr umgehen konnte, wie mit einem beliebigen Posten in einem Kalkül. Die Beziehung war in der Zwischenzeit zu ernsthaft geworden. Als ihm das bewußt wurde, tat Theo einen angemessenen Schritt, den ich in solchen Situationen fast immer als sehr konstruktiv erlebe. Er ging an einen »dritten Ort«, das heißt, daß er weder in der alten Situation blieb, noch mit Lilo zusammenzog, sondern sich vorläufig von Maria trennte und ein eigenes Zimmer nahm. Damit wurde die Beziehung zu Lilo für ihn zum Schritt in die dritte Phase, in die Distanzierungs- bzw. Differenzierungsphase. Maria hatte den Mut, diesen Schritt innerlich mitzuvollziehen und die Situation trotz der Kränkung für sich als Chance zu nutzen. Damit, daß beide den Schritt in diese dritte Phase wagten, entstand nun eine vollkommen offene Situation. Die Ehebeziehung war sozusagen »suspendiert«. Entwicklungen in alle Richtungen waren möglich. Damit war eine Risikosituation für alle entstanden. Sowohl die alte Beziehung wie die neue stand auf dem Spiel. Aber billiger geht es in einer solchen Situation nicht. Nur so, indem alles aufs Spiel gesetzt wird, gibt es Chancen für alle Beteiligten. Die alte Beziehung kann sich wieder neu beleben, wie es bei Theo und Maria auch tatsächlich der Fall war, oder es wird deutlich, daß sie endgültig getrennt werden muß. Der »dritte Ort« verhindert, daß ein heilloses Beziehungs-Durcheinander entsteht, in dem mit Hilfe der einen Bindung die andere aufgelöst wird. Die klare Distanzierung von beiden Frauen gab Theo die Chance, aus der Distanz beide Beziehungen zu betrachten. Es wurde ihm deutlich, wie wichtig Lilo und sein Erleben mit ihr waren, wie wenig es aber gestimmt hätte, mit ihr ein gemeinsames Leben aufzubauen, da sie sich in ihrem eigenen Lebenszyklus ja an einer ganz anderen Stelle als er befand. Und auch Lilo erlebte, daß der Theo, der sich aus der räumlichen Nähe von Maria begeben hatte, ein anderer wurde als der, den sie vorher gekannt hatte. Sie erlebte, daß er mehr zu sich selber fand, dadurch gerade aber sich wieder ein Stück von ihr entfernte.

Paare können natürlich auch in der »Distanzierungsphase« steckenbleiben, das heißt, daß sie sich aus den Augen verlieren, ohne daß sie die Möglichkeiten ihrer Beziehung ausgeschöpft haben. Außenbeziehungen können in der Distanzierungsphase die wichtige Funktion haben, einem oder beiden Partnern auf der Suche nach sich selbst zu helfen. In dieser Ausnahmesituation lernen Menschen oft ganz neue Seiten an sich kennen. Sie erleben sich leidenschaftlich, kreativ, einfallsreich, voller Energie und Lebensfreude. »Das alles bin ich also auch«, stellen sie überrascht fest. Die Außenbeziehung kann so ein entscheidender Schritt zu dem werden, was der innere Sinn solcher Distanzierungsphasen ist: sich selbst in neuer Weise zu finden oder zu neuen Ufern der eigenen Individuation aufzubrechen. Andererseits beschwört sie aber auch die Gefahr herauf, die alte Beziehung zu früh aus den Augen zu verlieren. Die erste Faszination der Verliebtheit verführt dazu, die neue Beziehung in ihrem Wert zu überschätzen und die alte zu unterschätzen. Vorschnelle Trennungen können dann die Folge davon sein. Derartige Tendenzen sind bei Theo, Maria und Lilo deutlich festzustellen. Allerdings führten sie hier nicht zu Kurzschlußhandlungen. Vielmehr brachten alle drei die Konflikttoleranz und den langen Atem auf, die unsichere Situation so lange auszuhalten, bis die Dinge sich klärten.

Bei Dorothea und Alf erleben wir ein Gegenbeispiel. Die Liebe zu Michael ermöglichte Dorothea – zum ersten Mal in ihrem Leben – den Eintritt in eine echte Distanzierungsphase. Sie fühlte sehr bald, daß das Wesentliche für sie nicht diese Beziehung an sich war, sondern der Anstoß, den sie durch sie erhielt. Sie gab ihr die Kraft, in der Sackgasse, in der sie steckte, kehrt zu machen und einen neuen Weg für sich selbst zu suchen. Sie gab darum ihre Beziehung zu Alf noch lange nicht auf. Es war ihr dringender Wunsch, auch er möchte diese Zeit als vorübergehende Phase nehmen und sie für die eigene Auseinandersetzung mit sich selbst nutzen, um dann möglichst zu einer gemeinsamen Entscheidung über ihre Ehe zu kommen. Aber Alf brachte diesen langen Atem nicht auf. Er reagierte vielmehr mit einer Art Bestrafungsaktion durch Beziehungsabbruch. Obwohl er selbst furchtbar unter der Trennung litt und sie heftig beklagte, raubte er sich damit die letzte Chance, die Beziehung zu Dorothea zu retten. Ein ähnliches Verhalten fällt mir häufig vor allem bei Männern auf, die von Außenbeziehungen betroffen sind. Den Wunsch ihrer »untreuen« Frauen, diese Distanzierungsphase auszuhalten und womöglich als eigene Chance zu begreifen, erleben sie als Zumutung. Sie verhalten sich nach dem Motto »alles oder nichts«: entweder eine Symbiose mit dir oder gar keine Beziehung! Tiefenpsychologisch gesehen ist hinter diesem Beziehungsmotto eine schwerwiegende frühe Bindungs-Problematik zu vermuten. Der kleine Junge im Mann wendet sich verzweifelt und wütend von der Mutter ab, die ihre Zuwendung seiner Kontrolle entzieht. So werden die Chancen, die in einer langjährigen Beziehung vielleicht noch stecken könnten, vertan. Dem »Untreuen« bleibt dann nur noch die Alternative, seine Entwicklungsschritte schließlich in eine andere Beziehung einzubringen. Der »Treue« wiederum nimmt damit meist auch sich die Chance zur Reifung, und stürzt sich – wie dies vor allem bei Männern immer wieder festzustellen ist – schnurstracks in die nächste Beziehung, die dann nach demselben »Alles-oder-Nichts-Motto« angegangen wird, was nicht selten bald wieder zum Scheitern führt.

Schließlich können Paare auch in der vierten, der Wiederannäherungs-Phase steckenbleiben. Dies ist dann der Fall, wenn sie es nicht schaffen, sich nach einer Distanzierungskrise wieder aufeinander einzulassen, obwohl alles darauf hindeutet, daß es möglich und an der Zeit wäre. Oft stehen in solchen Fällen »unerledigte Angelegenheiten« aus der gemeinsamen Vergangenheit zwischen ihnen, Verletzungen, die unter den Teppich gekehrt wurden und die sie nicht mehr hervorholen möchten. Auch wenn sich beide noch so bemühen, sie als »verjährt« anzusehen, sie wirken aus dem Untergrund weiter und verhindern, daß sich das Paar neu aufeinander einlassen kann.

Es kann aber auch sein, daß die Partner vor einer definitiven Bindung zurückschrecken, weil sie eine solche bisher nur als Einengung oder Entmündigung erlebt haben. Sie haben sich vielleicht gerade davon freigemacht und fürchten, bei zu viel Annäherung wieder in die alte Falle zu geraten. Die Entscheidung, deshalb eine eher unverbindliche Beziehungsform des »living apart together« mit gegenseitig zugestandenen »Zweit-Beziehungen« zu wählen, kann durchaus achtbar sein, weil so am ehesten die innere Balance zwischen Nähe und Distanz aufrechtzuerhalten ist. Aber manchmal habe ich den Eindruck, daß die Hoffnung auf eine befriedigende verbindliche Beziehung zu früh aufgegeben wird. Außenbeziehungen in solchen Fällen sind dann manchmal ein Ausweichen vor dem Risiko der Verbindlichkeit. Dann werden sie allerdings entwicklungshemmend, zumal wenn die wahren Motive hinter allerlei Ideen von progressiven Beziehungsmodellen versteckt werden, mit denen diese Lebensform dann gerechtfertigt wird.

VIERTES KAPITEL

DREIECKSBEZIEHUNG UND HERKUNFTSFAMILIE

Um Dreiecksbeziehungen entwicklungsorientiert zu beschreiben, habe ich bisher die gegenwärtigen Beziehungskonstellationen, den Lebenszyklus und die Geschichte des Paares herangezogen. In vielen Fällen reicht dies aus, um eine konstruktive Bewältigung der Krise einzuleiten. Man muß also dazu keineswegs immer in der frühen Vergangenheit der Partner, in ihren Herkunftsfamilien »graben«. Manchmal aber scheint es dennoch nützlich und sogar notwendig zu sein, den Blick auch auf diese Vergangenheit zu lenken, das heißt, jene Beziehungserfahrungen in den Verstehensprozeß einzubeziehen, welche die Betroffenen vor allem mit ihren Eltern gemacht haben. Im Kontext dieser Vergangenheit beschreibe ich Dreiecksbeziehungen als Wiederholung oder Re-Inszenierung von Beziehungskonstellationen mit wichtigen Beziehungspersonen aus den Herkunftsfamilien der Betroffenen.

Die Vergangenheit läßt sich nicht mehr verändern. Darum lieben die Vertreter mancher Therapieformen diese Blickrichtung nicht. Sie empfinden die Beschäftigung des Hilfesuchenden mit seinen in der Regel defizitär konzipierten Vorstellungen von der Vergangenheit als veränderungsfeindlich, weil ihn das auf diese Defizite festlegt oder sie sogar erst erzeugt. Darum geht es mir hier freilich nicht. Die Hinwendung zur Vergangenheit soll deutlich machen, welche Beziehungserfahrungen aus den Herkunftsfamilien das Entstehen von Dreiecksbeziehungen begünstigen und im Erleben der Dreiecksbeziehung wiederbelebt werden. Damit läßt sich die Dreiecksbeziehung von der Vergangenheit her neu verstehen. Die Beschäftigung mit der Vergangenheit zeigt Entwicklungsaufgaben, die »liegengeblieben« sind. Diese werden in der Dreieckskonstellation wiederbelebt und neu gestellt. Wenn ich den Blick so auf die Vergangenheit werfe, wird die Dreiecksbeziehung als Chance erkennbar, auf der Strecke gebliebene Entwicklungsaufgaben nochmals aufzugreifen und zu einem guten Ende zu bringen. Geschieht dies nicht, drängt die in der Herkunftsfamilie unerledigt gebliebene Angelegenheit immer wieder zur »Neu-Inszenierung« ähnlicher Beziehungskonstellationen.

Was ist mit dem Begriff Neu- oder Re-Inszenierung gemeint? Ich möchte dies zunächst mit einem Begriff aus der Gestalttherapie erläutern. Glücken die Beziehungen in der Herkunftsfamilie, glücken vor allem die Ablösungsphasen, wird die »Beziehungsgestalt« im Bewußtsein des Heranwachsenden »geschlossen«, und sie tritt damit in den Hintergrund des Bewußtseins. Er ist frei, eine eigene befriedigende Gestalt für seine erwachsenen Beziehungen, vor allem für seine Paarbeziehung und seine Familie zu finden. Waren die Beziehungen in der Herkunftsfamilie problematisch, bleiben sie »offene Gestalten«, die sich gleichsam immer wieder in den Vordergrund drängen, um geschlossen zu werden. Das heißt: Im Heranwachsenden bleibt aus der Herkunftsfamilie eine »unerledigte Angelegenheit« zurück, die auf Erledigung drängt. Deshalb werden immer wieder Beziehungsdynamiken in Gang gesetzt und Beziehungskonstellationen aufgebaut oder »reinszeniert«, die wesentliche Dynamiken und Konstellationen der Herkunftsfamilie wiederholen, gleichsam als sollte dadurch auf die unerledigte Aufgabe hingewiesen und auf ihre Erledigung hingearbeitet werden.

Diese unerledigte Aufgabe kann in irgendeiner Form immer als »Verstrickung« in eine Beziehung gesehen werden, also als eine nicht geleistete Ablösung. Nicht abgelöst oder verstrickt in das Beziehungsgeschehen ihrer Herkunftsfamilie sind Menschen, die noch an ihre Mütter bzw. Väter gebunden sind. Solche ungelösten Bindungen liegen immer dann vor, wenn sie als Kinder entweder »zu viel« oder »zu wenig« an Zuwendung und Aufmerksamkeit bekommen haben. »Zu wenig« haben sie bekommen, wenn sie für die Eltern zu wenig wichtig waren und nicht jene Zuwendung und Bindung erfuhren, die sie gebraucht hätten. »Zu viel« haben sie bekommen, wenn sie für die Eltern zu sehr wichtig waren, z. B. als geheimer Partner- oder Elternersatz. Auch in diesem »Zuviel« steckt im Kern das »Zuwenig«, nämlich ein Zuwenig an *angemessener* Beachtung und Zuwendung. Darum führt beides, das Zuviel wie das Zuwenig, dazu, daß Menschen das Beziehungsgeschehen ihrer Herkunftsfamilien »wiederholen« oder »re-inszenieren«, indem sie erwachsene Beziehungspartner gleichsam zu Müttern oder Vätern machen, um das zu bekommen, was sie gebraucht hätten, damit sie sich schließlich von ihnen lösen können. Tiefenpsychologische Ansätze, wie zum Beispiel die Transaktionsanalyse in ihrer Skripttheorie, der ich hier hauptsächlich folge, neigen dazu, den Gesichtspunkt der Re-Inszenierung alter Beziehungskonstellationen in gegenwärtigen Beziehungen überzubetonen und absolut zu setzen, so daß gegenwärtige Beziehungsprobleme ausschließlich von da her verstanden werden. Systemische Ansätze wiederum neigen dazu, den Gesichtspunkt der Re-Inszenierung außer acht zu lassen und Beziehungsprobleme allein aus dem gegenwärtigen Kontext verstehen zu wollen. Beide Perspektiven sind einseitig und werden der Beziehungsrealität nicht gerecht. Darum scheint mir eine Kombination beider Aspekte sinnvoll und nötig, da sonst der Zwang zur Wiederholung, in unserem Fall von Beziehungsdreiecken, nicht durchbrochen werden kann. Ich habe dabei die Erfahrung gemacht, daß es keineswegs nötig ist, die alten Geschichten jahrelang durchzuarbeiten, wie von tiefenpsychologischer Seite oft gefordert wird. Im lebendigen Kontakt mit dem Drama der derzeitigen Dreieckskonstellation kann ein Bewußtwerden des alten Dramas der Herkunftsfamilie, das darin wiederholt wird, oft eine rasche Lösung herbeiführen.

Die hier gewählte Sichtweise bringt es mit sich, daß im folgenden mehr das Individuum und seine Beziehungsgeschichte im Vordergrund steht als bisher. Darum werde ich nun auch stärker die Geschichten der »Geliebten« in die Beschreibungen miteinbeziehen, so daß auch deren individuelle Skript-Dynamik für die Entstehung von Dreiecksbeziehungen deutlicher wird.

1. Ungelöste Bindungen

Mit Norbert Bischof[25] gehe ich davon aus, daß sich erwachsene Bindung von kindlicher Bindung wesentlich unterscheidet. Das Kind muß sich von den Eltern lösen, dadurch wird es autonom. Es reagiert darum im Laufe der Zeit mit wachsendem Überdruß auf die Bindung an die Eltern. Bindung ist für das Kind etwas zutiefst Ambivalentes. Es braucht sie zum Leben und zugleich würde sie seinen Tod bedeuten, wenn es sich daraus nicht lösen könnte. Für den heranwachsenden Menschen kommt die Bindung immer wieder in Gegensatz zur Autonomie. Der Erwachsene überwindet diese Ambivalenz und diesen Gegensatz im besten Fall zugunsten einer Synthese. Die Autonomie wird mit der Bindung zum Ausgleich gebracht, so daß der Erwachsene, um sich zu lösen, von seinem Partner nicht weggehen muß wie das Kind von den Eltern.

Können Heranwachsende die Bindungen an die Eltern nicht lösen, bleibt diese Aufgabe unerledigt. Die typisch kindliche Bindungsambivalenz bleibt bestehen. Die erwachsenen Partner repräsentieren dann Elternfiguren füreinander, und sie müssen wechselseitig dafür herhalten, sich von neuem zu lösen. Der von den Eltern unabgelöste Erwachsene fühlt sich an seinen Beziehungspartner gebunden wie ein Kind an die Mutter/den Vater, er oder sie sucht diese Bindung, weil sie ihm oder ihr wie dem Kind Sicherheit gibt, und wehrt sich zugleich dagegen, weil sie ihn, wie das Kind, einengt und darum Überdruß bereitet. Dies ist nach meiner Erfahrung ein zentraler Grund, warum in erwachsenen Beziehungen Außenbeziehungen eingegangen werden und Dreieckskonstellationen entstehen. So wie der Heranwachsende Dritte außerhalb braucht, Gleichaltrige und erste Liebespartner/-innen, um sich aus seiner Familie zu lösen, so sucht der unabgelöste Erwachsene Dritte außerhalb seiner elterlich-kindlichen Paarbeziehung, um sich daraus zu lösen. Unter diesem Aspekt erscheinen Dreiecksbeziehungen also als der Versuch, die verschleppte Entwicklungsaufgabe, vom gebundenen Kind zum autonomen Erwachsenen zu werden, wieder aufzugreifen, um sie zu lösen.

Es geschieht dabei häufig, daß derartige Entwicklungsschritte auch ohne therapeutische Hilfe nachgeholt werden. Immer wieder erfahre ich von Paaren, daß Außenbeziehungen ihnen im Endeffekt geholfen haben, als Individuen und auch in ihren Beziehungen zu reifen. Selbst wenn die Ehebeziehung über diesen Weg aufgelöst wird, kann dies der entscheidende Schritt zum Erwach-

90

senwerden bedeuten. Dies ist dann der Fall, wenn die bisherige Paarbeziehung in einem Ausmaß elterlich-kindliche Beziehungskonstellationen wiederholt hat, daß die Partner trotz allem Bemühen und trotz aller Einsicht dennoch immer wieder miteinander in die alten Muster verfallen, während es ihnen mit anderen Partnern durchaus möglich ist, eine ebenbürtige und erwachsene Beziehung zu gestalten.

Trotz der genannten Chancen darf freilich nicht vergessen werden, daß die Gefahr groß ist, das »Ablösungsdrama« in der Beziehung zwischen Mann und Frau immer wieder zu reinszenieren, in einer Art Kreisbewegung, die immer wieder an dieselbe Stelle kommt, wo aber nichts vorangeht. In solchen Fällen ist therapeutische Hilfe notwendig, sonst kann dieser Teufelskreis nicht durchbrochen werden. Erst das Begreifen der Zusammenhänge des gegenwärtigen Geschehens aus den vergangenen Verstrickungen kann dann zu einer Auflösung führen.

In Dreiecksbeziehungen begegnen mir immer wieder ähnliche Formen von unabgelösten Bindungen, die ich im folgenden genauer charakterisieren und wiederum an unseren Beispielen illustrieren möchte. Es handelt sich dabei um die Beziehungsmuster des »Muttersohns« und der »Vatertochter«.

2. Muttersohn und Vatertochter

Der Muttersohn

Mit Muttersohn bezeichne ich den Mann, der als Erwachsener noch im Bannkreis der Mutter lebt. Der Junge muß sich ja, um zum Mann zu werden, von der Mutter lösen und seinen Platz beim Vater einnehmen. Er muß also auf die erste Frau in seinem Leben, die Mutter, verzichten, um frei zu werden für die Liebe zu einer erwachsenen Partnerin. Der Muttersohn lebt noch im mütterlichen Bereich, er ist innerlich gebunden und darum nicht frei für eine andere Frau.

Das Verhältnis des Muttersohns zum Männlichen ist darum gebrochen. Er steht seinem Vater entweder ressentimentgeladen oder in einem offenen Konflikt gegenüber und fühlt sich als der bessere Mann für die Mutter. Weil er mit dem Vater nicht versöhnt ist, kann er aber seine eigene Männlichkeit bei sich selbst nicht akzeptieren, versucht diese in übertriebener Weise nach außen hin zu demonstrieren, oder er unterdrückt sie und pflegt bei sich eher die weichen, »weiblichen« Seiten. Er meidet darum Männerbeziehungen und hält sich hauptsächlich unter Frauen auf, oder er gestaltet Männerbeziehungen als ausschließliche Konkurrenz- und Kampfbeziehungen.

Frauen fühlen sich zuweilen von Muttersöhnen stark angezogen, weil sie eine eher mütterliche Ausstrahlung haben. Weil sie aber an der Mutter zugleich festhalten und sich gegen sie wehren, fühlen Frauen sich bald in diese Ambivalenz hineingezogen: Einerseits werden sie idealisiert und andererseits bekämpft. Der Muttersohn hat eine Tendenz zur Spaltung des Frauenbildes. Die Mutter war für ihn zugleich die »gute Fee« und die »festhaltende Hexe«. So bekommen alle Frauen für ihn dieses Doppelgesicht. In Dreiecksbeziehungen werden diese beiden Frauenbilder oft auf zwei verschiedene Frauen verteilt: Die Ehefrau wird für ihn zur festhaltenden Hexe, und die Geliebte wird für ihn zur erlösenden Fee.[26]

Die Vatertochter

Als Vatertochter bezeichne ich die Frau, die als Erwachsene noch im Bannkreis des Vaters lebt. Das Mädchen muß sich, um Frau zu werden, vom Vater lösen und ihren Platz bei der Mutter einnehmen. Sie muß also auf den ersten Mann in ihrem Leben, den Vater, verzichten, um frei zu werden für die Liebe zu einem erwachsenen Partner. Die Vatertochter lebt noch im väterlichen Bereich, sie ist innerlich gebunden und nicht frei für einen anderen Mann.

Das Verhältnis der Vatertochter zum Weiblichen ist gebrochen. Sie steht ihrer Mutter ressentimentgeladen oder im offenen Konflikt gegenüber und fühlt sich als die bessere Frau für den Vater. Weil sie mit der Mutter nicht versöhnt ist, kann sie ihre eigene Weiblichkeit bei sich nicht akzeptieren. Entweder versucht sie, diese deshalb in übertriebener Weise zur Schau zu stellen, oder sie unterdrückt sie bei sich selbst und kehrt einseitig ihre männlichen

Eigenschaften hervor. Sie meidet darum oft herzliche Beziehungen zu Frauen und konkurriert mit ihnen auf zwanghafte Weise. Sie hält sich hauptsächlich unter Männern auf und bezieht daraus ihr Selbstwertgefühl als Frau.

Männer fühlen sich zuweilen von ihr stark angezogen, denn sie hat etwas Belebendes und Verführerisches, oder sie imponiert durch ihre besondere Tüchtigkeit. Aber weil sie am Vater festhält und sich zugleich gegen ihn wehrt, fühlen Männer sich bald in diese Ambivalenz hineingezogen und unverstanden: Einerseits fühlen sie sich idealisiert und auf den Thron gehoben, andererseits aber bekämpft und entwertet. Auch die Vatertochter hat die Tendenz, ihr Männerbild zu spalten. Der Vater war für sie der große erlösende Held und zugleich der unterdrückende Tyrann oder unerreichbar Distanzierte. Dieses Doppelgesicht bekommen nun auch die Männer in ihren Beziehungen »aufgesetzt«. In Dreiecksbeziehungen werden diese Bilder oft aufgeteilt, zum Beispiel das des Tyrannen oder emotional Distanzierten wandert zum Ehemann, das des erlösenden Helden wird auf den Geliebten projiziert.

Verstrickung und Ambivalenz

Bevor ich das Bild von Muttersohn und Vatertochter weiter differenziere, möchte ich an das bisher Gesagte zwei grundsätzliche Erwägungen im Hinblick auf Dreieckskonstellationen anschließen. Muttersohn und Vatertochter sind augenscheinlich »verstrickt«, sie stehen in ungelösten Bindungen zu ihren Herkunftsfamilien. Das bedeutet zweierlei: Einmal, daß sie, wie wir gesehen haben, diese Verstrickungen in späteren Erwachsenenbeziehungen als eine Art Lösungsversuch wiederholen, und zum anderen, daß sie ihre Mutter- und Vaterbilder sowie die mit Mutter und Vater gemachten Beziehungserfahrungen auf ihre erwachsenen Beziehungspartner übertragen. Damit liegt es für Muttersöhne und Vatertöchter nahe, später in Dreieckskonstellationen zu geraten. Natürlich ist das kein zwingender Zusammenhang, so als ob sie gar keine andere Wahl hätten. Viele lernen einfach durch die Lebenserfahrung, sich von solchen Bindungen frei zu machen.

Aber im nachhinein kann man vor allem bei Menschen, die sich immer wieder in derartigen Dreieckskonstellationen wiederfinden, solche Zusammenhänge feststellen. Weil Muttersöhne und Vatertöchter in ihren Herkunftsfamilien als Quasi-Partner der Mutter bzw. Quasi-Partnerin des Vaters in einem Beziehungsdreieck mitwirkten, neigen sie dazu, solche Dreieckskonstellationen auch in gegenwärtigen Beziehungsgefügen zu re-inszenieren.

Dies äußert sich manchmal darin, daß die »Mitspieler« in den Dreiecksbeziehungen sich auf eine eigenartige Weise nicht als die Personen, die sie sind, gemeint fühlen. Die Ehefrau zum Beispiel weiß nicht, wie sie dazu kommt, von ihrem Mann plötzlich nur noch als böse Hexe verteufelt zu werden, genauso wenig wie die Geliebte des Mannes, wenn sie realistisch genug ist, innerlich nachvollziehen kann, von diesem zum Idealbild der guten Fee hochstilisiert zu werden. Nicht selten ahnen Beteiligte deshalb dunkel, daß sie Akteure in einem Drama sind, das gar nicht das ihre ist. Tauchen solche Empfindungen auf, ist das immer ein wichtiges Zeichen, daß es sich lohnen könnte, diese Dreiecksbeziehung im Lichte des Beziehungsgefüges der Herkunftsfamilien zu betrachten.

Daran schließt sich für mich eine zweite Überlegung an: Die ungelöste Bindung des Muttersohns an die Mutter sowie der Vatertochter an den Vater bedingt ein insgesamt ambivalentes Beziehungsverhalten, sowohl zum Gleich- wie zum Gegengeschlechtlichen. Denn der Muttersohn hat nicht nur zum Weiblichen, sondern auch zum Männlichen ein ambivalentes Verhältnis: Es ist Gegenstand seiner Sehnsucht und Gegenstand seiner Ablehnung. Dasselbe gilt für die Vatertochter: Das Weibliche ist für sie zugleich Gegenstand ihrer Sehnsucht und ihrer Ablehnung. Das heißt aber, daß sich der Muttersohn nicht voll mit seiner Männlichkeit und die Vatertochter nicht voll mit ihrer Weiblichkeit im Einklang fühlt. Beide haben ein gebrochenes Gefühl ihrer Geschlechtsidentität. Das hat zur Folge, daß die Beziehungen zum anderen Geschlecht ebenfalls nicht eindeutig geraten. Dies ist ein weiterer zusätzlicher Grund für die eben erwähnte »Uneindeutigkeit« des Muttersohns und der Vatertochter in der Beziehung zum anderen Geschlecht, und dies legt ebenfalls wieder die

Inszenierung von Dreieckskonstellationen nahe. Muttersohn und Vatertochter »suchen« Außenbeziehungen, damit die Beziehung zum Ehepartner nicht »zu eindeutig« werden kann. Oder Muttersohn und Vatertochter suchen sich verheiratete Partner, damit sie mit diesen keine eindeutigen Beziehungen leben müssen, da diese ja noch an einen anderen Partner gebunden sind. In beiden Fällen wird das eindeutige oder »volle« Gegenüber eines Mannes zu einer Frau bzw. einer Frau zu einem Mann vermieden.

Wenn Menschen auf Dauer in Dreiecksbeziehungen leben oder immer wieder in solche hineingeraten, bedeutet dies, daß sie Uneindeutigkeit in der Beziehung zum anderen Geschlecht immer wieder herstellen. In diesem Fall hemmt die Dreiecksbeziehung eine Entwicklung, die aus dem Status eines unabgelösten Heranwachsenden hinausführt. Die Beteiligten im Beziehungsdreieck blockieren sich dann gegenseitig in ihrer Entwicklung zum psychischen Erwachsen-Sein. Allerdings ist das nicht mit Notwendigkeit für immer so. Das Durchleben und vielleicht erstmals volle Ausleben einer solchen Uneindeutigkeit in der Dreierbeziehung kann die erwähnten Zusammenhänge überhaupt erst deutlich machen und damit den Wandel einleiten. Ein Beispiel dafür ist Dorothea aus unserem Dreieck mit Alf und Michael. Erst als sie die Grenzen der Konvention und Moral durchbrach und sich auf Michael sexuell einließ, wurde die damit verbundene Beziehungsambivalenz zu Alf, die wiederum mit ihrer unabgelösten Vaterbeziehung zusammenhing, deutlich. Damit war der erste Schritt zum Verstehen und Lösen des Problems getan.

3. Der »liebe Junge« und der »Held«

Bei den Muttersöhnen gibt es, ähnlich wie wir bei den Vatertöchtern nachher sehen werden, jeweils zwei Ausprägungen, auf die ich nun eingehen möchte, bevor wir auf unsere Beispiele zurückgreifen: den »lieben Jungen« und den »Helden«.

Beide haben gleichermaßen die Tendenz, in Dreieckskonstellationen zu geraten, jedoch unterscheiden sie sich ihrem äußeren Erscheinungsbild nach stark voneinander und setzen auch unterschiedliche Beziehungsdynamiken in Dreieckskonstellationen in Gang. Im folgenden stelle ich beide Ausprägungsformen ziemlich gegensätzlich dar, gleichsam als Pole, zwischen denen jedoch ein Kontinuum zu denken ist, auf dem jede erdenkliche »Mischungsform« anzusiedeln wäre.

Der »liebe Junge«

Der »liebe Junge« ist derjenige, für den wir den Begriff Muttersohn im gewöhnlichen Sprachgebrauch verwenden. Er ist der nette Kerl, der immer bemühte, fürsorgliche, fast mütterliche, vor allem Frauen gegenüber. Er ist der typische »Kümmerer«, dem Erich Kästner folgendes Gedicht gewidmet hat:

> Der Kümmerer ist zwar ein Mann,
> doch seine Männlichkeit hält sich in Grenzen.
> Er nimmt sich zwar der Frauen an,
> doch andre Männer ziehn die Konsequenzen.
>
> Der Kümmerer ist ein Subjekt,
> das Frauen, wenn es sein muß, zwar bedichtet,
> hingegen auf den Endeffekt
> von vornherein und überhaupt verzichtet.
>
> Er dient den Frauen ohne Lohn.
> Er liebt die Frauen en gros, er liebt summarisch.
> Er liebt die Liebe mehr als die Person.
> Er liebt, mit einem Worte, vegetarisch!
>
> Er wiehert nicht. Er wird nicht wild.
> Er hilft beim Einkauf, denn er ist ein Kenner.
> Sein Blick macht aus der Frau ein Bild.
> Die andren Blicke werfen andre Männer.
>
> ...
> Die Kümmerer sind sehr begehrt,
> weil sie bescheiden sind und nichts begehren.
> Sie wollen keinen Gegenwert.
> Sie wollen nichts als da sein und verehren.

Sie heben euch auf einen Sockel,
der euch zum Denkmal macht und förmlich weiht.
Dann blicken sie durch ihr Monokel
und wundern sich, daß ihr unnahbar seid.

Dann knien sie hin und beten an.
Ihr gähnt und haltet euch mit Mühe munter.
Zum Glück kommt dann und wann ein Mann
und holt euch von dem Sockel runter![27]

Unschwer erkennen wir Thomas, den Sozialarbeiter und Mann von Ria, der Krankengymnastin, darin wieder. Der »liebe Junge« ist ziemlich kampflos von Anfang an im Bannkreis seiner Mutter geblieben, und er steht nach wie vor ganz nah bei ihr. Thomas' Mutter war eine sehr liebevolle und fürsorgliche Frau. Sie hatte Thomas, ihr einziges Kind, bekommen, als sie schon die Hoffnung auf Nachwuchs aufgegeben hatte. Es war eine schwere Geburt, und Thomas hörte immer wieder von seiner Mutter, daß sie ihn unter Schmerzen geboren hatte. Die Beziehung zu ihr gestaltete sich äußerst eng. Der Vater war beruflich viel unterwegs, und Thomas bekam bald mit, wie sehr die Mutter unter dieser Abwesenheit litt. Wenn der Vater da war, gelang es ihm nicht, eine lebendige Beziehung zu seinem Sohn herzustellen. Es gab auch oft Auseinandersetzungen zwischen den Eltern, wie man ihn, den Sohn, zu erziehen hätte. Im Laufe der Zeit geriet der Vater immer mehr in die Rolle des abständigen, desinteressierten und wenig einfühlsamen »Familien-Ernährers«. Thomas war ihm nicht gerade feindlich gesonnen, aber er blieb ihm vollkommen fremd. Nähe und Emotionalität spielten sich ausschließlich zwischen ihm und der Mutter ab. Körperkontakt zum Vater gab es so gut wie nie. Thomas' Berufswahl war eine »Gegenwahl« gegen den technischen Beruf seines Vaters, sie entsprach jedoch eigenen ungelebten Berufswünschen seiner Mutter. Gar nicht recht war ihr allerdings, daß er bald mit dieser »Emanze« Ria ankam und sie ihr als seine Partnerin vorstellte. Sie hatte den Eindruck, daß nicht er sich für sie, sondern sie sich für ihn entschieden hatte, womit sie nicht ganz falsch lag. Für Thomas bedeutete die Beziehung zu Ria zunächst eine Befreiung vom starken Zugriff der Mutter, und darum ließ er sich von ihr zu gerne »verführen«. Innerlich war er dadurch aber noch lange nicht frei. Wenn es Konflikte zwischen Ria und seiner Mutter gab, schaffte er es in der Regel nicht, sich eindeutig auf die Seite seiner Frau zu stellen. Er versuchte zu vermitteln und zwischen den Fronten zu lavieren, was ihm dann meistens von beiden Frauen übelgenommen wurde. Aber noch in einem anderen Punkt zeigte sich die ungelöste Gebundenheit an seine Mutter: An ihm sehen wir – und das ist typisch für den »lieben Jungen« – sehr viel fürsorgliche, ja mütterliche Züge, mit denen er Ria »diente«. Er hatte also nach dem Modell seiner Mutter in sich selber ein sehr mütterlich-fürsorgliches »Eltern-Ich« aufgebaut. Das konnte Ria zunächst sehr genießen, zumal der »nette Junge« Thomas sie andererseits, aus seinem »Kind-Ich« heraus, zur gütigen Fee hochstilisierte und hochhob. Diese Idealisierung hatte allerdings auch die andere Seite, die sich erst im Laufe der Zeit herausstellte: Die gütige Fee war nicht nur Gegenstand seiner Verehrung, sondern auch immer mehr seiner Ansprüchlichkeit. Sie sollte ihre Güte jetzt darin zeigen, daß sie ihm nun ihrerseits alles gewährte, ihn umsorgte und ihn tröstete. Die bedürftige Seite des »netten Jungen« kam zum Vorschein und zeigte sich in überzogenen Ansprüchen. Frauen können in solchen Beziehungen den Eindruck bekommen, daß sie völlig ausgesaugt werden und daß sie in ihrem Mann noch ein zusätzliches Kind zu Hause haben. Der Muttersohn vom Typ »netter Junge« kippt also leicht vom »fürsorglichen Eltern-Ich«, demgegenüber der Partner sich als Kind fühlt, in den Zustand des »bedürftigen Kind-Ichs«,[28] demgegenüber sich die Frau als Übermutter beansprucht fühlt. Dies ist häufig nach der Geburt des gemeinsamen Kindes der Fall. Der Muttersohn beginnt mit diesem zu konkurrieren und rutscht der Frau gegenüber vollends in die Kind-Position. Der Bereich der erwachsenen, ebenbürtigen Beziehung des Mannes zur Frau wird dadurch nur noch unzugänglicher.

Die andere Seite des Frauenbildes des Muttersohns, die »verschlingende Hexe«, ist beim »netten Jungen« demgegenüber weniger deutlich, aber durchaus ebenfalls wirksam. Gegen das festhaltend Mütterliche wehrt sich der »nette Junge« selten offen

98

aggressiv, aber nicht weniger effektiv, nämlich mit Trotzverhalten oder passiv-aggressivem Rückzug. Dies sind die bevorzugten Strategien, mit denen er sich in einer Art »Totstellreflex« erfolgreich gegen die emotionalen Übergriffe der Mutter gewehrt hat und womit er auch heute seine Frau an den Rand der Verzweiflung bringen kann. Bei Thomas zeigte sich diese Seite deutlich darin, daß er auf die wachsenden Forderungen von Ria, aktiver zu sein und mehr zu unternehmen, zunächst nur mit Rückzug und Schmollen reagierte und ihr dann aufzählte, was er schon alles für sie tue und was sie denn noch alles von ihm erwarte.

Das Bewußtsein, daß er die Wut, die eigentlich seiner Mutter gilt, oft an der Frau loswird, muß im »netten Jungen« allerdings meist erst im Laufe der Zeit geweckt werden. Das gilt auch für den Mut zur Selbstbehauptung, da, wo er am Platz wäre. Das Auftauchen des Rivalen Armin war für Thomas die erste Herausforderung in dieser Richtung. Ähnliches habe ich immer wieder in Seminaren erlebt, wenn »betrogene« Muttersöhne, bei denen es die Frauen nicht mehr ausgehalten hatten, ihrer eigenen »Liebheit« am liebsten ins Gesicht spucken wollten, weil sie merkten, wie sehr sie sich damit blockierten. Dies ist dann ein wichtiger Moment, der den Aufbruch des Muttersohns auf die Seite des Männlichen und Väterlichen hin signalisiert. Diesen Aufbruch hat der »liebe Junge« bisher immer verweigert. Wie bei Thomas deutlich sichtbar, lehnt der Muttersohn den Vater ab, weil er ihn ausschließlich aus dem Blickwinkel der Mutter sieht und deshalb nicht »so einer« werden will. Dies ist aber bei ihm oft implizit die Weigerung überhaupt, ein erwachsener Mann zu werden, und er verbrämt diese unglücklicherweise, wie auch Thomas es tat, nicht selten mit fortschrittlichen Ansichten über die »neue Männerrolle«, aus der alles »Patriarchale« und alles »Machotum« verbannt sein soll.

In der Dreiecksbeziehung findet sich der »liebe Junge« häufig wie Thomas in der Rolle des »Betrogenen« wieder. Er gibt seiner Frau, wie Ria es erlebte, zu wenig das Gefühl, ein starkes und begehrendes Gegenüber zu haben. Sie erlebt ihn eher als weiblich und in einer mütterlichen Rolle, oder aber als zwar lieben, aber sehr bedürftigen Jungen, also in einer Kindrolle. Als erwachsener

Mann verweigert er sich ihr. In diese Lücke springt dann der Geliebte, wie es bei Ria mit Armin der Fall war.

Es gibt aber auch Muttersöhne dieses Typs in der Rolle der »Untreuen«. Dann repräsentiert er eher den Typ des »edlen Prinzen«. Dieser geht die Außenbeziehung aus einer Vorwurfshaltung heraus ein: Entweder seine Frau hat sich zu wenig um ihn gekümmert und »ihren Dienst aufgekündigt«, weil sie sich z. B. in seinen Augen auf den Emanzipationstrip begeben hat, oder sie ist ihm zu sehr in eine »Nur-Mutter-Rolle« abgesackt und hat so seine Ablehnung herausgefordert. Die Dynamik, die dann einsetzt, ist oft diese: Ehe es sich die Geliebte versieht, ist sie ihrerseits in die Rolle der Mutter (oder auch des »Personals«) geraten, von der er nun alle Fürsorge erwartet. Sie kann dann oft nach kurzer Zeit die Frau des Freundes sehr gut verstehen, die ihr vorher im Licht seiner Erzählungen als wahrer Drachen erschien.

Der »Held«

Dem Helden ist der Muttersohn nicht auf die Stirn geschrieben. Er ist im Gegenteil ein harter Mann, der betont, manchmal überbetont männliche Attribute hervorkehrt. Sein Verhältnis zur Mutter und zum Mütterlichen ist in der Regel nicht so fraglos wie das des »lieben Jungen«. Er bewegt sich nicht mehr im Zentrum, sondern eher an der Peripherie ihres Bannkreises, kommt aber trotzdem genauso wenig los von ihr. Er ist sich seiner Mutter viel weniger sicher als der liebe Junge. Diese hat ihn z. B. in einer Mischung aus Idealisierung und Vernachlässigung mal an sich gerissen und dann wieder von sich gestoßen. Oder sie hat ihn vergöttert, und im nächsten Augenblick abgewertet, weil er ihren Ansprüchen nicht genügen konnte. Darum fühlt sich der Muttersohn vom Typ des Helden viel stärker verunsichert. Sein Thema ist »der Drachenkampf«. Er ist ein Kämpfer, und er kämpft auch als Erwachsener immer noch um die Mutter und für sie. Das bringt ihn zu Spitzenleistungen in den verschiedensten Bereichen, sei es im Beruf, im Sport oder im Krieg. Der Antrieb zu diesem Kampf ist vielfältig: Er kämpft um und für die Mutter, aber er kämpft auch gegen sie: Durch seinen Heldenkampf will er sie endgültig für sich erobern, wie der Drachenkämpfer die verwunschene Prinzessin, und er will sich gleichzeitig mit seinem Kampf von ihr befreien, wie der Drachenkämpfer von der Bedrohung durch den Drachen. Durch die Unsicherheit in der Beziehung zu ihr richtet er sich eher noch mehr auf sie aus als der liebe Junge. Er muß auf die höchsten Gipfel, im wörtlichen wie im übertragenen Sinn: um sich vor ihr zu beweisen und sich gleichzeitig von ihr zu befreien. Außerdem dreht sein Kampf sich nicht nur um die Mutter, sondern auch um den Vater, seinen Rivalen, und dies in genauso ambivalenter Weise. Einerseits möchte er ihn erreichen und die ersehnte Anerkennung von ihm erhalten (»Schau doch, was aus mir geworden ist!«), andererseits möchte er ihn auch kleinkriegen (»Ich bin doch der bessere Mann für Mutter!«). Dies alles zusammengenommen läuft zuweilen auf ein gigantisches Überanstrengungs-Muster hinaus. Arbeitssucht und Leistungszwang können darin die Wurzeln haben.

In unseren Beispielen gehören Theo und Alf hierher. Theos übersteigerte Arbeits- und Leistungswut hat etwas von der gigantischen Anstrengung des Drachenkampfes. Theo war in einer sehr leistungsbetonten Familie als ältester von drei Kindern aufgewachsen. Zwischen seinen Eltern erlebte er eine sehr kühle Beziehung. Der Vater war streng und fordernd, und die Mutter wagte nicht offen, ein Gegengewicht dazu zu bilden. Heimlich galt ihre Zuneigung Theo, aber sie wagte es nicht, dies offen zu zeigen, ja, Theo erlebte mehr als einmal, daß sie ihn der Strenge des Vaters förmlich »auslieferte«, anstatt ihn zu schützen. Theo fühlte einerseits die Hoffnungen – und darin natürlich auch die Ansprüche – der Mutter an ihn, andererseits war er sich aber unsicher, ob diese ihm im entscheidenden Moment nicht doch in den Rücken fallen würde. Auf diese Weise bildete sich bei ihm das typische Heldenmuster heraus, zumal die Beziehung zu seinem Vater immer eine Rivalitäts- und Kampfbeziehung war. Die Liebe zu der glutvollen und tüchtigen Maria war für ihn die große Hoffnung, aus dieser emotional kalten bzw. unsicheren Situation herauszukommen. Aber die alte Dynamik ließ sich nicht so leicht überwinden. Theo verfing sich sehr bald in seinem alten Kampf- und Leistungsmuster, so daß Maria daneben keine Chance mehr hatte.

Sie fühlte sich von ihm oft aufgefordert, ihm besondere Anerkennung für seine beruflichen Leistungen zu zollen, »fast wie ein kleiner Junge, der zur Mutter kommt und ihr zeigt, was er zustande gebracht hat«. Mit dieser Charakterisierung traf sie die Beziehungsdynamik der »Re-Inszenierung« seines Familiendramas sehr genau, verletzte ihn damit aber nur noch mehr in seinem Stolz. Die Arbeit fraß ihn völlig auf, und Maria verweigerte ihm die Anerkennung immer mehr, was ihn wiederum äußerst verbitterte, weil er damit genau das auch von seiner Frau nicht bekam, was er von seiner Mutter nicht in ausreichendem Maß erhalten hatte.

»Helden« sind für Frauen zunächst häufig attraktiv. Sie sind tüchtig und stellen etwas dar. Frauen spüren hinter der harten Schale den sehnsüchtigen Jungen, und dieser rührt sie sehr an. Sie fühlen sich außerdem von ihm idealisiert und hochgehoben, besonders wenn sie schön und/oder tüchtig sind. Hier kommt die »Feenseite« des Frauenbildes des Helden zum Tragen. Der Held glaubt, in ihr endlich die Frau gefunden zu haben, auf deren Liebe er sich verlassen kann. So war es auch bei Theo und Maria. Doch als die Bindung enger, und sie seine Frau wurde, kam auch die andere, die Hexenseite des Frauenbildes zum Vorschein. Theo erlebte Maria nun als festhaltend, nörglerisch und einengend. In solchen Fällen wandert dann das Feenbild des Helden entweder in die Vergangenheit zurück – er verklärt die eigene Mutter –, oder es wandert nach draußen zu einer anderen Frau – sie wird dann seine Geliebte. Diese Dynamik spielte eine zentrale Rolle, als die Beziehung Theos mit Lilo begann. Beim »Helden« wird also der in der Mutterbeziehung gründende Spaltungsmechanismus des Frauenbildes und seine Bedeutung für die Entstehung der Dreiecksbeziehungen besonders deutlich. Die beiden Frauen, die Ehefrau und die Geliebte, übernehmen jeweils die beiden Aspekte: den negativ-hexenhaften die eine, den positiv-feenhaften die andere. Daß sich dies allerdings auch sehr schnell wieder ändern kann, zeigt sich, wenn Muttersohn und Geliebte eine feste Verbindung eingehen. Dann kann es leicht sein, daß sich der Vorgang wiederholt: Die ehemals Geliebte wird jetzt zur Hexenfrau, und eine neue Geliebte zur guten Fee.

Eine besondere Ausprägung des »Helden« ist darum der »Don Juan«. Er erobert eine Frau nach der anderen und trennt sich rasch wieder, weil er immer wieder dieselbe enttäuschende Erfahrung macht: Diejenige, die sich ihm zunächst als Idealfrau darstellt (wie früher die Mutter), erfüllt seine Erwartungen nicht und wird darum zur bösen Hexe (wie früher ebenfalls die Mutter). Darum befreit er sich von ihr, indem er die Beziehung abrupt abbricht. Eindrucksvoll ist mir noch die Erzählung eines Mannes während eines Seminars in Erinnerung: »Wenn ich wieder einmal zu einer Freundin fuhr, wußte ich auf dem Weg dahin schon ganz genau: Ich werde wieder enttäuscht sein. Aber ich konnte es nicht lassen, ich mußte hin und es wieder erleben.« In unseren Beispielen trägt Armin, der Liebhaber Rias, deutlich Züge dieser Dynamik.

»Helden« sind häufig unter den »untreuen« Ehemännern und Liebesabenteurern mit vielen wechselnden Frauenbeziehungen zu finden. Wenn sie selbst in die Rolle des »Betrogenen« geraten, weil sich ihre Frauen das nicht bieten lassen und ihrerseits »untreu« werden, zeigen sie oft eine überraschende Reaktion. Sie werden sehr eifersüchtig, intolerant und manchmal gewalttätig – ganz gegen die Grundsätze, nach denen sie selber handeln. Ähnlich verhalten sie sich auch in anderen, alltäglichen Dingen. Oft sind sie zum Beispiel ausgesprochen stark im Austeilen von Kritik, aber schwach, ja, mimosenhaft empfindlich im Einstecken. Dieses zweierlei Maß ist aus der inneren Dynamik des »Helden« zu verstehen: Helden erleben sich in Beziehungen zu Frauen – ganz gegen den äußeren Anschein – selbst in der Rolle des Kindes, die Frau aber in der Mutterrolle. Was sie sich »herausnehmen«, darf sich »die Mutter« noch lange nicht herausnehmen. Sie soll stabil und zuverlässig sein. Wenn sie dies nicht ist, bekommen sie eine neue, sehr schmerzvolle Bestätigung, daß auf die Frau (= die Mutter) kein Verlaß ist, und darauf reagieren sie mit Wut und Ablehnung.

Aus dem Gesagten wird deutlich: »Liebe Jungen«, bzw. »Prinzen« oder »Helden«, bzw. »Don Juans«, sind Männer, die sich immer noch weigern, die Mutter loszulassen. In diesen Bannkreis geraten dann auch ihre Partnerinnen hinein. Sie werden benötigt, um einen neuen Versuch der Lösung zu starten, und sie »dienen« dazu, unbefriedigte Bedürfnisse zu erfüllen. Damit werden sie

103

funktionalisiert und nicht als gleichwertige erwachsene Liebes-
partnerinnen gesehen. Sie verstricken sich in die kindliche Ambivalenz der Mutter-Sohn-Beziehung ihrer Männer. Einerseits
muß der Muttersohn sie bekämpfen, und andererseits sucht er
Schutz und Fürsorge bei ihnen. So erfahren ihre Frauen auch das
Schicksal von Müttern: Der Mann wendet sich anderen Frauen
zu, so wie er als Junge in der Adoleszenz von der Mutter weg zu
anderen Frauen ging. Solange dies freilich im Unbewußten
bleibt, führt es nicht dazu, daß die Ablösung wirklich gelingt.
Um Dreiecksmuster aufzulösen ist es darum manchmal nötig,
solche Zusammenhänge ins Bewußtsein zu heben und sich ihnen
zu stellen.

4. Die »Prinzessin« und die »Tüchtige«

Auch bei der Vatertochter gibt es zwei unterschiedliche Ausprägungen: Die Prinzessin oder das liebe Mädchen und die Tüchtige.

Die Prinzessin oder das liebe Mädchen

Von ihr gilt all das, was wir von der Vatertochter im allgemeinen
gesagt haben. Bei ihr tritt es ganz offen zutage. Für alle spürbar
war sie in der Familie der Liebling des Vaters. Durch ihre mäd-
chenhafte Art strahlt sie dies heute noch aus. Das Problematische
daran ist, daß der Vater sie emotional der Mutter vorzog und ihr
mehr oder weniger ausdrücklich signalisierte, sie sei die bessere
Frau in der Familie. Die Beziehung zur Tochter wird von seiner
Seite aus erotisiert. Oft besteht bis ins Erwachsenenalter der
Tochter hinein zwischen ihr und dem Vater eine Vertraulichkeit,
der gegenüber die Ehefrau keine Chance hat. Womöglich weint
sich der Vater sogar bei der Tochter aus oder bespricht mit ihr
seine sexuellen Probleme, die er mit seiner Frau hat. In unseren
Beziehungsdreiecken ist Lilo am deutlichsten eine derartige
»Prinzessin«. Ihr ganzes bewußtes Leben lang stand sie »beim Va-
ter« und in Opposition zur Mutter. Ihr Vater war ein einfacher
Mann, für den sie ein weibliches Idealbild war, das er verehrte.

Und Lilo tat alles, um seinen Erwartungen zu entsprechen. Sie lernte, ihm zu gefallen und ihn – anders als die Mutter – durch Witz, Charme und Liebenswürdigkeit zu erfreuen. Wie alle Vatertöchter dieses Typs entwickelte sie ein reichhaltiges, erotisch getöntes Verhaltensrepertoire, womit sie sich aber gleichzeitig den Zugang zur Mutter noch weiter erschwerte, weil sie zu ihrer Rivalin wurde. Damit kommt sie aber oft mit dem Weiblichen und Mütterlichen überhaupt in Konflikt. Immer wieder bin ich in Seminaren solchen »Prinzessinnen« begegnet, attraktiven und lebendigen Frauen, die ohne feste Beziehung und kinderlos waren, obwohl sie sich nichts sehnlicher wünschten, als einen Mann zu finden und Kinder zu haben.

Natürlich bleibt ein solches Verhältnis der Prinzessin zu ihrem Vater nicht ungetrübt. Für Lilo war das Problem, daß der Vater, der ihr eine überdurchschnittliche Ausbildung ermöglichte, in seiner Einfachheit und Begrenztheit immer weniger dem entsprach, was sie in ihm gerne gesehen hätte. Wenn sie mit ihm unter ihresgleichen war, schämte sie sich seiner und hatte den Eindruck, er verkaufe sich weit unter Wert. Sie war ständig dabei, ihn »aufzubauen«. Ihre wachsende Verärgerung darüber, daß ihr dies nicht gelang, hielt sie, wie dies oft geschieht, für einen wirklichen Ablösungsprozeß. In Wirklichkeit war es nur ein Zeichen, wie sehr sie noch in seinem Bannkreis lebte. Ohne es zu bemerken, nahm sie dieses Anliegen in ihr Erwachsenenalter mit: Sie entwickelte ein besonderes Faible für ältere Männer, aus denen sie »etwas machen konnte«, die sie aus sich »herauslocken«, denen sie zu einer persönlichen Entwicklung verhelfen konnte. Die »Prinzessin« ist also geradezu dafür prädestiniert, als Geliebte Beziehungsdreiecke mitzuinszenieren. Sie wiederholt damit genau ihre Familiensituation: Sie hat eine »verbotene« (und darum oft geheimzuhaltende) erotische Beziehung zu einem häufig älteren Mann, der seinerseits in einer Ehe gebunden ist. Dadurch gerät sie zu dessen Frau, wie ehemals zu ihrer Mutter, in eine Rivalitätsbeziehung, in der sie letztlich verliert, weil die Ehefrau sich dann doch oft als die Stärkere erweist, wenn der Mann sie nicht verläßt. Manchmal aber – wie im Falle von Lilo – brechen Prinzessinnen selber rasch derartige Beziehungen wieder ab, weil sie ähnlich enttäuschend verlaufen, wie die zu ihren Vätern. So machte Lilo immer wieder die Erfahrung, daß die Männer, an die sie geriet, im Endeffekt dann doch ähnlich unzugänglich waren, wie sie es bei ihrem Vater erlebt hatte.

In diesem Zusammenhang möchte ich noch einen anderen Typ der Geliebten erwähnen, die weniger dem Bild der Prinzessin, sondern eher dem eines lieben (und hilflosen) Mädchens entspricht. Solche Geliebte sind »ewige Vatertöchter«, sie leben oft jahrzehntelang heimlich in einer Beziehung zu einem verheirateten Mann, oft unter den unwürdigsten Umständen und immer in der illusionären Hoffnung, er würde sich doch irgendwann einmal von seiner Frau trennen und ganz zu ihr kommen. So erlebe ich immer wieder in Seminaren Frauen, die schon jahrzehntelang als Sekretärin ihrem Chef, als Krankenschwester ihrem Oberarzt, oder als Lehrerin dem Schuldirektor usw. als Geliebte dienen und nicht die Kraft finden, sich aus diesem Verhältnis zu lösen, obwohl sie darunter leiden und ihre besten Jahre vergeuden. In ihren Familien war diesen Frauen der Zugang zur Mutter meist vollkommen versperrt, und der Vater erschien als die einzig mögliche Zuwendungsquelle, obwohl auch bei ihm meist nicht viel zu holen war. Nun warten sie immer noch, daß diese Quelle – jetzt repräsentiert durch den verheirateten Geliebten – sich ihnen endlich erschließt. Ihr ganzes Leben ist »auf ihn« ausgerichtet. Weil »er« aber keinen Alltag mit ihnen leben kann, isolieren sie sich oft vollständig und geraten an den Rand des normalen Lebens. Sie verbringen das Leben gleichsam wartend im Dornröschenschlaf und in Erwartung des Prinzen, der sie wachküßt. Wenn dieser »ewigen Geliebten« überhaupt zu helfen ist, dann nur, wenn sie in ihr Bewußtsein dringen läßt, daß das, was sie beim Vater-Mann sucht, hier nicht zu finden ist. Der Wall von Haß und Ressentiments, der sie von der Mutter trennt, muß abgebaut werden. Erst wenn sie einen positiven Bezug zur Mutter gefunden und ihre eigene, eigenständige Weiblichkeit bejaht hat, kann sie sich aus der Rolle der »ewigen Vatertochter« lösen. Eine weibliche Therapeutin, die ihnen diesen Zugang eröffnet, kann für solche Frauen von großer Bedeutung sein.

Die »Tüchtige«

Ähnlich wie dem »Helden« der Muttersohn, so ist der »Tüchtigen« die Vatertochter nicht auf den ersten Blick anzusehen. Sie hat nicht die erotische Ausstrahlung und nicht den kindlichen Charme der »Prinzessin«. Dafür ist sie tüchtig und zupackend, weiß zu kämpfen und bringt es zu etwas, wenn sie sich für eine berufliche Laufbahn entscheidet. In unseren Beispielen erkennen wir in Maria eine »Tüchtige«. An ihrer Geschichte ist typisch, daß sie den Vater zwar verehrte, diese Beziehung aber nie ausgedrückt werden durfte. Ihr Vater war ein sehr distanzierter Mann, der weder seiner Frau noch seinen Kindern gegenüber Gefühle zeigen konnte. Die Mutter war mit vier Kindern und einem großen Haushalt überlastet, und Maria, die Älteste, wurde sehr früh zu ihrer »rechten Hand«. Es ist das Schicksal von »Tüchtigen«, daß sie ihre Liebe zum Vater nicht offen zeigen können und daß diese von ihm nicht erwidert wird. Sie bleiben bei der Mutter »hängen«, was allerdings nicht zur Folge hat, daß sie hier ihren Platz für sich finden, sondern daß sie sich von da wegsehen, hin zum Vater. Die »Tüchtige« ist durch ihre nie erfüllte Sehnsucht an den Vater gebunden, obwohl sie äußerlich bei der Mutter steht. Um sich zu lösen, müßte sie zuerst zu ihm hindürfen, um sich nachher der Mutter zuwenden zu können. Maria aber konnte diesen Schritt zum Vater hin nie machen. Sie bekam nie die emotionale liebevolle Resonanz von ihm, die ihr dies ermöglicht hätte. Was noch am ehesten Beachtung fand, das war ihre Tüchtigkeit. So wollte sie wenigstens damit etwas Beachtung aus ihm herausholen, was jedoch ihre Leistungsansprüche, die ohnehin durch die Situation der Mutter stark betont wurden, noch weiter verstärkte. Die »Tüchtige« hat also zu wenig vom Vater bekommen, zu wenig an Beachtung und Anerkennung als Mädchen und werdende Frau, und dies führt ganz ähnlich wie bei der »Prinzessin«, die gewissermaßen zu viel bekam, ebenfalls zu einer ungelösten Bindung an ihn. Ihr Thema ist der unerreichbare Vater, und es besteht die Gefahr, daß sie dieses Thema in ihrer Ehebeziehung wiederholt.

So übertrug Maria ihre ungestillte Sehnsucht auf Theo. Von ihm erwartete sie ihre »Erlösung zur Frau«, eine Bestätigung ihrer

Weiblichkeit, wie sie sie von ihrem Vater nicht erhalten hatte. Damit war er natürlich überfordert, denn was Kinder von Eltern nicht bekommen haben, können sich die Erwachsenen als Ehepartner nicht einfach ersetzen.

»Tüchtige« spielen im Beziehungsdreieck selten die »Geliebten«, viel häufiger finden wir sie als »betrogene Ehefrauen«. Entsprechend ihrer Rolle in der Herkunftsfamilie als »Stütze der Mutter« bilden sie in ihrer Ehe sehr bald mütterliche Eigenschaften aus und lassen sich leicht, wenn die Umstände dies erfordern, auch in ihrer jetzigen Familie auf eine ausschließliche Mutterrolle festlegen. Sie managen Haushalt, Kinder und Mann, und neigen dazu, Frauen, die die spezifisch weiblichen Attribute hervorkehren, abzuwerten. So wie Theo bei Maria fördern ihre Männer einerseits diese Entwicklung, weil es bequem für sie ist und ihnen »den Rücken freihält«, andererseits erleben sie das als Mangel, den sie dann nicht selten den Frauen zum Vorwurf machen (»Du bist so unweiblich!«), und der ihnen die Begründung gibt, sich einer Geliebten zuzuwenden. Da »Tüchtigen« das verführerische Repertoire von »Prinzessinnen« nicht zur Verfügung steht, sind sie dafür prädestiniert, diesen Geliebten gegenüber den kürzeren zu ziehen.

Solche Entwicklungen lassen sich freilich nicht allein aus den lebensgeschichtlichen Beziehungserfahrungen der Beteiligten verstehen. Sie werden auch durch »kollektive Skripts« unserer westlich und christlich geprägten Kultur mitbestimmt und gefördert, vor allem bei Menschen, die nach dem traditionellen Beziehungsmodell leben wie Maria und Theo. Dieses patriarchal bestimmte Modell ist ein asymmetrisches: der Mann bestimmt, und die Frau fügt sich – jedenfalls was den äußeren Lebensentwurf angeht. Aus dieser Überlegenheit des Mannes heraus ist auch Sexualität möglich: Der Mann »nimmt sich« die Frau. Wenn diese Kinder bekommt, rückt sie jedoch in eine gleichwertige oder – als Mutter – sogar in eine überlegene Position auf. Damit wird sie für den patriarchalen Mann, der gewohnt war, über sie zu verfügen, bedrohlich – und verliert damit ihre sexuelle Attraktivität für ihn. Die Frau ihrerseits ist zudem selbst geneigt, ihr sexuelles Wesen zu verleugnen, denn die gesamte christliche Tradition mit dem weiblichen Leitbild der jungfräulichen Gottesmutter betont das Mütterliche *ohne* Sexualität. Sich um vieles jüngere, »töchterliche« Frauen zu Geliebten zu nehmen, wird darum für den Mann besonders attraktiv, und zwar nicht so sehr wegen biologischer Faktoren, sondern weil er sich ihnen gegenüber wieder unangefochten »oben« fühlen kann.

Im therapeutischen Prozeß war es für Maria – und dies gilt in Variationen für alle »Tüchtigen« – wichtig, ihre Liebe und Sehnsucht zum Vater, die ja nie offen zu Tage treten durfte, überhaupt erst einmal zu entdecken und auszudrücken. Erst als ihr dies möglich war, konnte sie erkennen, wie sehr sie Theo innerlich auch immer wieder mit einem »idealen Vater« verglich, demgegenüber er dann tatsächlich keine Chance hatte. Erst dann, wenn »Tüchtige« entdeckt haben, wie sehr auch sie »Vatertöchter« sind, erst dann können sie auf eine gute Weise zur Mutter zurückkehren, sich mit ihr aussöhnen und ihren eigenen weiblichen Nährboden finden. Denn hinter ihrer Fürsorglichkeit für die Mutter, die sie häufig hilflos und ständig unterstützungsbedürftig erlebt haben, steckt oft viel Wut und Haß. Erst wenn dieser gefühlt und überwunden ist, können sie auf eine gute Weise ihren »Platz unter den Frauen« einnehmen.

5. Ineinandergreifende Skriptmuster

Die unterschiedlichen Verstrickungen in die jeweiligen Herkunftsfamilien führen bei den Betroffenen zu unbewußten Lebensmustern, nach denen neue Beziehungskonstellationen im Erwachsenenalter konzipiert werden. Solche Lebens- und Beziehungs-Muster werden in der Transaktionsanalyse »Skripts« oder »Lebensdrehbücher«[29] genannt, weil es manchmal den Anschein hat, als würden die Betroffenen ihren Lebensverlauf in wesentlichen Zügen nach einem vorgegebenen »Drehbuch« gestalten. Kritisch kann man dazu sagen, daß es eine solche Festlegung im strengen Sinn natürlich nicht gibt. Rollen sind nicht einfach schicksalhaft festgelegt. Es geschieht immer wieder, daß Menschen solche verinnerlichten Beziehungsmuster aus ihren Herkunftsfamilien auch spontan variieren und verändern und eigenständige Alternativen dazu entwickeln. Allerdings findet man auch immer wieder ein erstaunlich genaues »Nachspielen« der alten Muster in gegenwärtigen Beziehungskonstellationen, vor allem in kritischen Situationen und Lebensübergängen – hier »greifen« die alten Muster besonders stark. In Streß-Situationen bedienen sich viele Menschen häufig der früh erlebten Bewältigungs- und Verhaltensstrategien.

Betrachtet man Dreiecksbeziehungen unter diesem Aspekt, erscheinen sie oft als ein derartiges »Nachspielen«. Muttersöhne und Vatertöchter haben schon in ihren Herkunftsfamilien in problematischen Beziehungsdreiecken gelebt. Dem Muttersohn gelingt der Schritt von der Mutter zum Vater nicht, der Vatertochter nicht der Schritt vom Vater zur Mutter. Beide bleiben sozusagen dazwischen »hängen«. Damit ist der Boden für das Entstehen von Beziehungsdreiecken im Erwachsenenalter bereitet.

Betrachtet man nun die »Skript-Muster« der Beteiligten an einem bestimmten Beziehungsdreieck, wird oft deutlich, wie diese sich gewissermaßen gegenseitig ergänzen. Manchmal scheinen sie förmlich wie Zahnräder ineinander zu greifen, die sich gegenseitig am Laufen halten, ja sogar vorantreiben, so daß sich die Beteiligten durch ihr Verhalten gegenseitig immer intensiver in das alte Muster verstricken. So kann zum Beispiel die Geliebte dazu beitragen, daß der »untreue« Ehemann in seiner Frau immer mehr die festhaltende Mutter sieht. Damit wird wiederum die Erwartung der Ehefrau bestätigt, daß sie von Männern – so wie von ihrem Vater – nichts Gutes zu erwarten habe. Oft bestätigt das dann der Ehemann womöglich noch dadurch – und zwar nun auch der Geliebten gegenüber –, daß er es nicht schafft, sich aus der einen wie aus der anderen Beziehung zu lösen.

Beziehungsdreiecke sind oft durch derart ineinandergreifende Skript-Muster, die die einzelnen aus ihren Herkunftsfamilien mitbringen, in solchen dysfunktionalen Abläufen festgefahren. Eine Lösung erscheint unmöglich. Keiner der Beteiligten findet einen Ausgang, alle spielen sie weiter zusammen, auch wenn dies noch so schmerzvoll ist.

Es gibt aber auch eine andere Seite. Man kann diesen »Wiederholungszwang« auch als den wiederholten Versuch verstehen, die Dinge zu einem besseren Ende zu bringen. Aus diesem Blickwinkel gesehen eröffnet die Dreiecksbeziehung als »Re-Inszenierung« des Familienskripts den Beteiligten eine große Chance. Sie verweist auf die in der eigenen Geschichte ungelösten Entwicklungsaufgaben. Muttersohn und Vatertochter bekommen durch die Außenbeziehung eine neue Chance, ihr Mutter- bzw. Vater-Thema noch einmal aufzugreifen. So stellt die Dreiecksbeziehung eine Chance dar, daß alle Beteiligten sich aus kindlichen und unabgelösten Beziehungsformen heraus entwickeln und zu Erwachsenen heranreifen. Ich will dies im folgenden an unseren drei Beispielen kurz erläutern.

Theo, Maria und Lilo

In diesem Dreieck treffen ein »Held«, eine »Tüchtige« und eine »Prinzessin« aufeinander. Theo war in seiner Leistungswut noch im erbitterten Kampf um die Anerkennung der Mutter und in der Rivalität mit seinem Vater verstrickt. Sein »Drachenkampf« verlieh ihm die Aura des Helden, und das imponierte am Anfang Maria sehr, weil sie sich von diesem starken Mann die Anerkennung als Frau erhoffte, die sie bei ihrem Vater nicht gefunden hatte. Er wiederum erlebte in ihrer eindeutigen und starken Liebe am Anfang die Sicherheit, die ihm bei seiner Mutter gefehlt hatte, und von ihrer Tüchtigkeit fühlte er sich bei der Realisierung seiner hochfliegenden Pläne bedingungslos unterstützt. Er war für sie der strahlende Held und sie für ihn eine alles gewährende Fee, und zwar vor allem durch jenes Verhalten, mit dem beide gelernt hatten, sich in ihren Familien Anerkennung zu sichern. Damit aber begann das Thema Leistung eine zentrale Rolle in ihrer Liebesbeziehung zu spielen. Beide wollten Liebe über Leistung zeigen und bekommen. Das konnte auf die Dauer nicht gutgehen, und so begannen ihre positiven Partnerbilder zu kippen: Aus dem Helden wurde für Maria der rücksichtslose Technokrat, dem es nur noch aufs Funktionieren ankam, und aus der alles gewährenden Fee wurde für Theo die Hexe, die die Kinder für sich behielt, ihn ausschloß und nichts mehr für ihn übrig hatte.

In diese Mangelsituation paßte Lilo, die Prinzessin, genau. Theo war für sie der tüchtige, aber in Beziehungsdingen hilflose und gehemmte Mann – ganz wie ihr Vater. Sie wußte genau, wie man mit solchen Männern umgehen mußte, sie war witzig, kritisch, sexy, damit hatte sie ja auch ihren Vater, wenigstens ein Stück weit, aus der Reserve locken können. Theo brachte sie damit anfangs »ganz aus dem Häuschen«. Bei ihm schien ihr zu gelingen, was sie bei ihrem Vater nicht erreicht hatte: einen neuen Mann aus ihm zu machen. Wie das so oft der Fall ist, bestand die Faszination ihrer Verliebtheit zu einem guten Teil in der Hoffnung, die unerledigte Angelegenheit aus der Kindheit zu einem guten Ende zu bringen, also hier doch noch die Erlöserin des Vaters zu werden.

Aber wie das immer so ist, wenn unerledigte Angelegenheiten aus ihrem Ursprungszusammenhang gelöst und auf gegenwärtige Beziehungskonstellationen übertragen werden, gelang das Unterfangen auch bei Theo nicht so, wie sie es sich erhofft hatte. Denn auf die Reaktion Marias hin begann er zu zögern, dachte daran, die Beziehung zu Lilo zu lösen und zog sich zeitweise zurück. Lilo steckte damit wieder genau in ihrem ursprünglichen Familiendreieck: zwischen der Mutter, die von Maria repräsentiert wurde, der sie einerseits haushoch überlegen war und der gegenüber sie andererseits doch keine Chance zu haben schien, und dem Vater, den Theo repräsentierte, der sie zwar verehrte, sich aber doch im entscheidenden Moment entzog.

Aber auch Theo und Maria vollzogen in dieser Konstellation ihre Beziehungsdreiecke aus der Herkunftsfamilie nach: Maria erlebte an Theo mit allen Schmerzen den sich entziehenden Vater wieder, und sich selbst erlebte sie wiederum, wie in ihrer Herkunftsfamilie, festgelegt auf den mütterlichen Bereich, dem sie nicht so weit entkommen zu können schien, um endlich einmal auch die Seiten der Geliebten leben zu können und nicht nur diejenige der Mutter. Und schließlich Theo: Sein Kampf gegen die Hexenmutter und für die Feen-Mutter drohte wiederum zu scheitern, er schien wiederum die Bestätigung zu erhalten, daß die bedingungslose Liebe (der Mutter) für ihn nicht zu haben war, wenn er nicht alles, was er aufgebaut hatte, zerstören wollte. Die Liebe schien gegenüber der Leistung wiederum den kürzeren zu ziehen, und die angenehmen Seiten des Lebens, die Lust, die Muße und die Schönheit schienen die unerreichbare Lebensillusion zu bleiben.

Aus dieser Perspektive betrachtet wird deutlich: Alle Beteiligten inszenieren mit an der »Wiederaufführung« ihrer Herkunfts-Familien-Dramen, auch die »betrogene« Maria. Sie stellt mit ihrem Skript-Muster, aus dem heraus sie von Männern gar nichts anderes erwartet als das, was sie bei ihrem Vater erlebt hat und bei Theo wieder erlebt, ebenfalls die Weichen, daß es so kommen muß, wie es kommt. Diese Mitwirkung können die »Betrogenen« aus ihrer Kränkung heraus oft schwer sehen und anerkennen. Wenn es aber gelingt, ist es sehr hilfreich. Denn das Aufgeben der unfruchtbaren Opferposition gibt ihnen die Möglichkeit, sich auf die Suche nach den eigenen unentdeckten Möglichkeiten zu begeben, womit sie dann auch ihre Chancen für eine gute Lösung des Konflikts beträchtlich erhöhen.

Wenn die Chancen genutzt werden, erkennen alle Beteiligten ihre spezifischen Entwicklungsaufgaben, die sie ungelöst aus ihren Herkunftsfamilien mitschleppen. Theo wurde mit der Spaltung seines Frauen- und Mutterbildes konfrontiert. Es wurde deutlich, daß er auf diese Weise dem Bannkreis der Mutter nicht entkam. Er pendelte lediglich hin und her zwischen ihren negativen Aspekten (in Maria) und ihren idealisierten (in Lilo). Auch was er von der Geliebten erwartete, war im Grunde die Erwartung des kleinen Jungen an seine Mutter, von der er geliebt und fürs Leben freigegeben werden wollte, und nicht die Liebe eines erwachsenen Mannes zu einer erwachsenen Frau. Auf seinem Bild (Seite 48) hält er sich an beiden Frauen fest! Theo wurde also mit dem Thema seiner unabgelösten Bindung zur Mutter, mit seinem »Muttersohn-Thema« konfrontiert. »Helden« wie er haben dieses Thema oft verdrängt, es paßt überhaupt nicht in ihr Selbstbild. Im Muttersohn-Thema war das Thema des Mannseins neu gestellt. Es wurde deutlich, daß er den Schritt zum erwachsenen Mann seelisch noch zu leisten hatte. Dafür war es unerläßlich, die unerledigten Angelegenheiten mit seinem Vater nochmals anzugehen, mit dem er nach wie vor innerlich im Clinch lebte. Es ging darum, sich mit ihm auszusöhnen. Es waren erste Schritte zur Entwicklung einer klaren männlichen Identität, die ihn auch Maria gegenüber als erwachsenen Mann auftreten ließ.

Für Maria wurde dementsprechend durch die Dreieckskonstellation das Thema ihrer Rolle als Frau in neuer Weise angestoßen. Sie erfuhr sich durch die Affäre ein weiteres Mal, nun besonders schmerzlich, auf die »Mutter« festgelegt. Der Weg zum geliebten, unerreichbaren Vater schien ihr wieder versperrt. Sich als eigenständige, selbstbewußte und leidenschaftliche Frau zu entdecken, damit war sie jetzt unabweisbar konfrontiert. Dies ist für eine Frau wie Maria, die die Fünfzig bereits überschritten hat, eine Aufgabe, die sehr viel Mut und Zuversicht verlangt, jedoch keineswegs aussichtslos ist. Maria nahm diese Aufgabe in einer bewundernswerten Weise in Angriff und lernte sich auf neue Weise als Frau zu sehen und zu erleben. Dabei spielte die Wiederaufnahme ihrer Berufstätigkeit eine wichtige Rolle, und es gelang ihr über eine Fortbildung, zu der sie sich jetzt aufraffte, für sich eine neue Berufsperspektive als Mitarbeiterin einer Erwachsenenbildungs-Institution zu gewinnen. Die Rückwirkung auf ihre Ehebeziehung war für sie selbst überraschend: Trotz der räumlichen Trennung intensivierte sie sich, wurde sogar sexuell wiederbelebt. Noch während die Trennung zwischen den beiden räumlich bestand, schrieb sie in einem Brief: »Das Leben schenkte uns – auch durch die Hitze dieses Hochsommers – einen neuen Funken für Theos und mein Feuer«. Daß dies kein Strohfeuer war, erwies eine Nachbefragung. Ein halbes Jahr nach der letzten Therapiesitzung beantwortete Maria die Frage nach der Sexualität mit »macht wieder Spaß«, und Theo schrieb gar »problemlos und beglückend!«. Wohlgemerkt: Beide hatten zu diesem Zeitpunkt die Fünfzig überschritten, und vor Ausbruch der akuten Krise durch die Liebesbeziehung zu Lilo hatte es zwischen den beiden schon mehrere Jahre lang so gut wie keine Sexualität mehr gegeben.

Lilo schließlich wurde durch diese Dreiecksbeziehung ebenfalls auf ihre Vaterproblematik verwiesen. Auch ihre früheren Affären mit älteren Männern wurden in diesem Licht für sie als Wiederholung desselben ungelösten Musters sichtbar. Sie wollte darin letztlich immer die bessere Frau für den Vater sein und ihn ganz für

sich erobern. Damit begab sie sich immer wieder in Konkurrenz-
position zu ihrer eigenen Mutter und blieb selber das unreife Mädchen, die »Prinzessin«, die sich darin aufrieb, Licht und Leben in
das Dasein älterer und von Erstarrung bedrohter Männer zu bringen. Ihre Aufgabe war es, den Bannkreis des Vaters zu verlassen
und sich mit ihrer Mutter auszusöhnen. Es ging darum, aus ihrem
»inneren Kind« heraus ihrem wirklichen Vater zu sagen: »Ich bin
nicht deine Frau, ich bin deine Tochter.« Und: »Mutter ist die
bessere Frau für dich!«, und zur Mutter: »Du bist meine Mutter
und ich bin deine kleine Tochter. Und du bist die richtige Frau für
Papa, nicht ich!« Mit dieser Umorientierung war der erste wichtige Schritt für einen neuen Lebensentwurf als erwachsene Frau
getan. Nun konnte sie sich auch innerlich die Erlaubnis geben,
einen Mann ganz für sich zu haben und mit ihm Kinder zu bekommen. Dies war dann auch der Punkt in ihrer Entwicklung, an dem
sie sich aus der Beziehung zu Theo zurückzog.

Alf, Dorothea und Michael

In der Arbeit mit diesem Beziehungsdreieck ist mir der Zusammenhang mit Michaels Herkunftsfamilie nicht deutlich geworden,
weil ich ihn persönlich nie kennenlernte und wenig Informationen
über ihn habe. Ich beschränke mich deshalb darauf zu zeigen, wie
die Skript-Muster von Alf und Dorothea ineinandergreifen. In seiner Beziehungsdynamik ist Alf ebenfalls ein »Held«, der in seinen
Frauenbeziehungen verzweifelt um die Zuwendung der Mutter
kämpfte. Seine erste Frau war eine »Neuauflage« seiner Mutter-
Beziehung gewesen. Ähnlich wie in dieser erlebte er bei ihr hauptsächlich Forderungen und Abwertungen. Mit Dorotheas Person
wählte er das genaue Gegenbild zu seiner Mutter (und seiner ersten Frau). Sie war um 20 Jahre jünger als er, schaute zu ihm auf,
war schutzsuchend und anschmiegsam, verehrte und bewunderte
ihn. Er meinte, bei ihr das Gesuchte zu finden, und tat alles, um
sich dies zu sichern. Sein einengendes und kontrollierendes Verhalten ist aus dieser Motivation heraus zu verstehen. Dadurch
aber gerade schnürte er Dorothea derart ein, daß sie sich immer
intensiver zu befreien begann, was Alf immer bedrohlicher als Ab-

wendung erlebte, und was ihn veranlaßte, nur immer mehr festzuhalten. Mit ihrer »Untreue« zerriß Dorothea auf eine dramatische Weise die Fessel, und Alf erhielt genau wieder die Bestätigung: Alles Kämpfen und Festhalten nützt nichts, die Frau/Mutter will mich nicht, sie weist mich ab, ihr ist ihr eigenes Leben und ihre eigene Entfaltung wichtiger als ich.

Alfs zwanghaftes Festhalten ermöglichte andererseits Dorothea lange Zeit, auch ihr Familienmuster mit ihm zu wiederholen. Alf sollte sie aus der Übermacht eines tyrannischen Vaters befreien. Sie war ebenfalls eine Vatertochter, eher vom Typ »liebes Mädchen«, für das die hellen, freundlichen Seiten des Vaters stark in den Hintergrund getreten waren und dessen Dominanz im Vordergrund stand. Sie hatte nicht die Kraft, sich allein daraus zu befreien. Alf lieh ihr dafür seine Kräfte, aber damit wiederholte sie nur ihre eigene familiäre Situation. Alf trat an die Stelle ihres Vaters. Schon die äußere Situation – sie war Schülerin von Alf – legte eine Neuauflage dieser Beziehungskonstellation nahe. Dadurch, daß sie die Schülerinnenrolle ablegte und zur Mutterrolle wechselte, verbesserte sie ihre Situation nur unwesentlich. Da sie in ihrer Herkunftsfamilie kein Modell einer starken Mutter kannte, sondern nur eines einer zurücktretenden und dienenden Frau, schaffte sie dadurch nicht den Schritt heraus aus ihrer untergeordneten Position. Somit blieb sie – jedenfalls in der Beziehung zu Alf – in ihrer jetzigen Familie einerseits das Mädchen, das sie in der Herkunftsfamilie gewesen war, und andererseits die Dienende, als die sie ihre Mutter kannte. Auch die Therapie brachte in der ersten Phase, in der verschiedene Regelungen für mehr Freiheit und Spielraum ausgehandelt wurden, keine Wende. Sie trug eher zu neuer Anpassung bei. Erst die Beziehung zu Michael eröffnete den Ausweg.

Es ist deutlich, daß auch in diesem Beziehungsdreieck durch das Auftauchen des Dritten das Thema der Reifung zur erwachsenen Mann-Frau-Beziehung angesprochen wird. Die »Untreue« von Dorothea entlarvt die Illusion von Alf, daß er sein Mutterproblem durch die Liebe einer Frau hätte lösen können. Es wird deutlich, daß seine verzweifelte Sehnsucht nach einer verläßlichen Mutterbeziehung keine Frau der Welt auf der Partnerebene erfüllen kann, weil sie auf einer anderen Ebene, nämlich auf der Mutter-Kind-Ebene liegt. Wahrscheinlich war diese Erkenntnis für Alf zu schmerzhaft, darum entschied er sich nach dem Auszug von Dorothea für den Abbruch der Therapie.

Für Dorothea war Michael so etwas wie für Jugendliche der erste Liebes- oder Geschlechtspartner. Obwohl sie altersmäßig weit über dieses Stadium hinaus und bereits dreifache Mutter war, brauchte sie diese Beziehung, speziell auch deren Sexualität, um die Ablösung zu schaffen. Als dies geschehen war, trat die Sexualität mit Michael in den Hintergrund und hörte nach einiger Zeit ganz auf. Dafür trat die Frage ihrer beruflichen Identität und Entwicklung ganz in den Vordergrund, und dies war für sie dann der entscheidende Schritt in das psychische Erwachsenenalter. Sie entdeckte nämlich zu ihrer eigenen Überraschung, wie durch einen Zufall, ihre hervorragenden Fähigkeiten als Grafikerin und begann in diesem Fach nochmals ein neues Studium. Sie nahm dafür die Trennung von ihren Kindern in Kauf, die beim Vater im alten Haus blieben, und mußte sich materiell äußerst einschränken. Mich hat gerade an Dorothea sehr beeindruckt, mit welcher elementaren Kraft sich bei ihr der eigene Individualisierungsweg in den Vordergrund schob, so stark, daß sie bereit war, alle Schwierigkeiten, die das mit sich brachte, auf sich zu nehmen, und die Konsequenzen zu tragen.

Ria, Thomas und Armin

Würden wir die beiden Ausprägungen der Vatertochter als »Prinzessin« und »Tüchtige« als zwei Pole auf einem Kontinuum darstellen, dann wäre Ria etwa in der Mitte zwischen beiden einzuzeichnen. Sie trägt Züge sowohl der einen wie der anderen. Die Beziehung zwischen ihr und dem Vater war – auch von seiner Seite her – sehr intensiv, durfte aber nie offen gelebt werden, weil die Mutter eifersüchtig darüber wachte, daß es zwischen den beiden »nicht zu eng« wurde. Die Mutter war sich der Zuneigung ihres Mannes keineswegs sicher und darum durch jedes Anzeichen, das Töchterchen könnte für ihn attraktiver sein als sie, aufs höchste alarmiert. So bekamen die wechselseitigen Gefühle zwischen Vater und Tochter etwas Heimliches und Verbotenes. Die Beziehung zu Thomas war in mehrfacher Hinsicht daraus ein Befreiungsversuch. Sie, die streng katholisch Erzogene, tat sich mit einem Mann zusammen, der aus einer konfessionslosen Familie stammte. Sie heirateten nicht, sondern lebten »nur so« zusammen, und beruflich entsprach dieser Sozialarbeiter, der sich mit Drogenabhängigen abgab, schon gar nicht den Vorstellungen der Eltern. Thomas, der liebe Junge, war auch das genaue Gegenteil ihres überbetont männlichen Vaters und wurde von diesem auch entsprechend abfällig belächelt. Rias Partnerwahl war eine Protestwahl. Sie heiratete das »Gegenbild« ihres Vaters, um endlich die unglückselige Bindung an ihn loszuwerden, und sie heiratete in ihm etwas »Verbotenes«, um sich von der strengen Mutter zu befreien. Aber Protestwahlen haben es immer an sich, daß sie keine Alternative zum »Skript« darstellen, sondern auf verborgene Weise das vorgegebene Muster genau nachvollziehen. Im »Verbotenen«, das die Beziehung zu Thomas an sich hatte, lebte sie ihre eigene »verbotene« Vaterbeziehung weiter, und indem sie in Thomas das genaue Gegenbild ihres Vaters gewählt hatte, blieb die Beziehung zu diesem unangetastet und wurde keineswegs gelöst.

Damit, daß sie Kinder bekamen und heirateten, wurde aus dem Verbotenen etwas Normales, Gewöhnliches. Damit verlor es aber auch für Ria den anregenden Reiz. Und je länger die Beziehung dauerte, desto mehr störte sie an Thomas, daß er so wenig »männlich« war. Sie verglich ihn in dieser Hinsicht mit ihrem Vater, und da zog er den kürzeren. Thomas geriet ihr gegenüber in die Position der Mutter: Er erschien immer mehr als der Festhaltende, der sich auf Pflicht und Versorgung konzentrierte – und wurde damit zunehmend langweilig für sie. Die nichterledigte Vatergeschichte tauchte nun wieder auf. Thomas wurde, wie früher die Mutter, zu einer Art Hemmschuh. Rias Erwartung und Hoffnung auf Faszination und Erregung richtete sich – wie früher – auf den »verbotenen« Vater, nun zunächst ungerichtet auf ein »verbotenes Draußen«, dann aber, als sich die Gelegenheit bot, auf Armin, den Draufgänger aus dem Fortbildungsseminar. Er glich in seiner ebenfalls »übermännlichen« Art ihrem Vater viel mehr als Thomas, und mit ihm war es nun endlich möglich, das »Verbotene«

voll auszuleben. Damit war das familiäre Beziehungsdreieck vollends hergestellt, ja dessen innere Tendenz kam nun erstmals wirklich zum Tragen.

Aber auch Thomas lebte mit Ria »sein Familiendrama«. Auch seine Partnerwahl war eine Gegenwahl zu seiner Mutter, deren Überfürsorglichkeit er mit der Wahl der tüchtigen und aktiven Ria zu entrinnen suchte. Aber gerade damit schaffte er die Voraussetzung, als Muttersohn seiner Mutter treu zu bleiben. Denn er blieb der liebe, besorgte Junge, der Ria, die »starke Frau« zu einer überhöhten Mutterfigur machte. Dazu trug noch bei, daß Thomas seinen Vater nicht anders als aus der Perspektive seiner Mutter sehen konnte: als rücksichtslosen, uneinfühlsamen Mann. Auf diesem Hintergrund wählte er für sich ein Männerideal, das keinerlei machohafte Züge enthalten sollte. Damit verschonte Thomas Ria davor, mit ihrer eigenen Vaterproblematik in Kontakt zu kommen, weil Thomas all das in seiner Lebensweise ablehnte, was sie an diesen hätte erinnern können. Thomas blieb auch in der Ehe der nette Junge, der Muttersohn im Bannkreis der Mutter, der den Zugang zum Vater nicht fand, und vollends vor dem Männlichen kapitulieren mußte, als es in Gestalt Armins in seinem Leben wieder auftauchte.

Armin schließlich wiederholte sein Familiendrama in diesem Beziehungsdreieck, insofern Ria nur eine von vielen Beziehungen war, mit denen er sein Don Juan-Muster wiederbelebte und wiederholte. Ria war wieder eine jener Frauen, die seine Hoffnung geweckt und wieder enttäuscht hatten. Er blieb in diesem Ablauf letztlich der einsame Held, der schon gar nicht mehr damit rechnet, daß es in Beziehungen glücklicher laufen könnte. So bestätigte er aufs neue seine eigene Weltsicht.

Unter Entwicklungsaspekten betrachtet läßt sich sagen: Für Ria war die Beziehung zu Armin wie das Ausleben einer inzestuösen Beziehung. Von Anfang an gab es für sie keinen Zweifel, daß diese Beziehung nicht von Dauer sein konnte. Dennoch übte sie einen unwiderstehlichen Reiz auf sie aus. Es war, als »mußte« sie trotz allem gelebt werden. Als dies in ausreichendem Maß geschehen war, konnte sie auch wieder davon lassen, so, als wäre es notwendig gewesen, dieses Verbotene auch bis zur letzten Konsequenz zu leben. Um endgültig loslassen zu können, war es allerdings nötig, daß sie sich der geschilderten Zusammenhänge bewußt wurde. Unterstützt wurde dieser Prozeß dadurch, daß Thomas die Herausforderung, die Armin für ihn darstellte, annahm. Er raffte sich dazu auf, seine eigene bisherige Rolle in der Ehe gründlich in Frage zu stellen und wurde zunehmend wütender über seine eigene Art, in allem und jedem der liebe Junge sein zu wollen. Er legte seine weinerlichen und wehleidigen Seiten ab. Dies führte zu harten Auseinandersetzungen mit Ria und zu einer neuen Verteilung der häuslichen Aufgaben. Auch beruflich veränderte sich Thomas. Er kündigte seine Stelle in der Drogenberatung und nahm eine Halbtagsstelle im Sozialdienst einer großen Firma an. Das leistungsbetonte Klima, das hier herrschte, konnte er als eine Herausforderung in die richtige Richtung erleben und annehmen. Damit veränderte sich die Situation in der Beziehung sehr stark. Thomas hatte sich auf den Weg zum eigenen Vater gemacht, und während er so die Fronten wechselte, kam es auch in sexueller Hinsicht zu einer Neubelebung. Ria konnte sich darum ihrerseits entschließen, die Beziehung zu Armin aufzugeben und einen Neuanfang mit Thomas zu wagen.

Aus den letzten Ausführungen dürfte hinreichend hervorgegangen sein, daß der Rückgriff auf die Erfahrungen und Beziehungskonstellationen der Herkunftsfamilie die Beteiligten keineswegs auf ihre Mängel an gelebtem Leben festlegen muß. Vielmehr kann er die hier und jetzt gestellten und durch die Dreiecksbeziehung deutlich werdenden Entwicklungsaufgaben aktualisieren und eröffnet so neue Zukunftshorizonte. Freilich ist diese Sichtweise ein Aspekt, der neben und zusammen mit den anderen, vorher behandelten gesehen werden muß und nicht isoliert werden darf.

Wenn nämlich die mit der derzeitigen Krisensituation zusammenhängenden Skript-Aspekte zu einseitig betont werden, wie dies manchmal in tiefenpsychologisch orientierten Erklärungsmodellen geschieht, kann das dazu führen, darin nicht mehr den Appell zur Weiterentwicklung zu hören, sondern sich schicksalhaft auf die alten Muster festgelegt zu fühlen. Ja manchmal verwenden Menschen, die sich sehr viel mit ihrer Vergangenheit beschäftigt haben, die Erfahrung in der Herkunftsfamilie sogar als Ausrede, nach dem Motto: »Ich kann nicht anders – aus meiner ungestillten Muttersehnsucht heraus brauche ich Außenbeziehungen!« Hier wird die Vergangenheits-Orientierung mißbraucht und zur Karikatur verzerrt. Eingebaut in eine zukunfts- und entwicklungsorientierte Gesamtkonzeption kann sie allerdings wesentliche Aspekte zur Bewältigung der Krise beitragen. Denn Menschen brauchen es als geschichtliche Wesen, sich aus ihrer Vergangenheit heraus zu verstehen und ihr Leben in bewußter Kontinuität mit dieser weiterzuentwickeln.

FÜNFTES KAPITEL

LÖSUNGSVERSUCHE

Die vorausgehenden Kapitel galten der Beschreibung des Dreiecksgeschehens aus unterschiedlichen Blickwinkeln. Dabei war es mein Anliegen, die Dreieckskrise als Entwicklungschance deutlich zu machen. Das bedeutet allerdings nicht, daß die im entwicklungsorientierten Beschreibungsmodell angelegten Lösungsstrategien einfach zu finden wären. Dies ist hoffentlich deutlich geworden. Derartige Lösungen verlangen viel Auseinandersetzung, Ehrlichkeit zu sich selbst, Bewußtwerdung, Mut zu Versuch und Irrtum und unter Umständen harte Konsequenzen. Muß es so kompliziert sein? Wie gehen die vielen Menschen damit um, die von solchen Ideen nie gehört haben und trotzdem irgendwie damit leben? Es gibt tatsächlich eine Reihe häufig praktizierter Lösungen für die Probleme, die aus Dreiecksbeziehungen entstehen. Es lohnt sich, diese genauer zu analysieren. Man kann daraus eine Menge darüber lernen, was in menschlichen Beziehungen geht und was nicht geht.

Aus den Lösungsversuchen, die mir in der Praxis begegnen, ergeben sich folgende Grundmodelle:

- die Außenbeziehung abbrechen
- die Außenbeziehung verheimlichen
- die Außenbeziehung tolerieren
- das Dreieck zum Viereck erweitern
- das Dreieck miteinander offen leben.

1. Abbrechen

Dies ist ein sehr häufiger Lösungsversuch: Wenn es im Dreieck zu kompliziert wird, bricht der »Untreue« die Außenbeziehung unter mehr oder weniger großen Schmerzen ab und kehrt wieder zurück in seine Ehe. Eine kurze »Affäre«, in der Ehemann oder Ehefrau mit einem/einer Dritten eine schöne, mehr oder weniger wichtige, zum Beispiel sexuelle, Erfahrung gemacht hat, aber keine intensivere Bindung eingegangen ist, kann dadurch manchmal gut zu Ende gebracht werden. Man darf dabei allerdings den richtigen Zeitpunkt nicht verpassen. Oft werden solche Affären »verschleppt«, weil zum Beispiel der »Untreue« seiner Geliebten gegenüber nicht den Mut hat, einen Endpunkt zu setzen, obwohl er spürt, daß die Beziehung keine Zukunft hat. Dann produziert die verpaßte Lösung erst die eigentlichen Probleme. Wenn allerdings aus der Affäre eine ernsthafte emotionale Beziehung geworden ist, erweist sich die Radikallösung des Abbrechens als ungeeignet, und zwar aus mehreren Gründen:

Wie ich deutlich gemacht habe, entsteht und besteht eine längerdauernde Dreiecksbeziehung nicht zufällig. Sie sagt sowohl etwas Wichtiges über die Ehebeziehung als auch über die Beziehungsgeschichte der beteiligten Personen aus. Die Chance, dies aufzugreifen und für die eigene Entwicklung nutzbar zu machen, wird vertan, wenn die Radikallösung der abrupten Trennung gewählt wird. Was gerade auf dem besten Wege ist, dem Verstehen und der Integration zugänglich zu werden, wird wieder verdrängt, abgespalten oder beiseite geschoben. Oft geht darum nach einem derart gewaltsamen Abbruch auch die Ehebeziehung auseinander, auch wenn sie äußerlich vielleicht noch jahrelang fortgesetzt wird. Der »Treue« ist dem »Untreuen« trotz des Abbruchs weiter böse, weil er spürt, daß psychologisch gesehen das Geschehen nicht zu Ende ist, und der »Untreue« rächt sich heimlich für das erzwungene Ende, indem er zum Beispiel neue Außenbeziehungen eingeht und diese noch besser versteckt. Vor allem für den »Treuen« scheint mir wichtig zu sein, daß er/sie sich klarmacht: Ein plötzlicher Abbruch der Außenbeziehung bringt gar nichts, so heiß er oder sie sich diesen Schritt vielleicht auch wünschen würde. Was hat er/sie von einem Ehepartner, der die Außenbeziehung abbricht, obwohl er innerlich dazu nicht bereit ist? Selbst wenn er dies ehrlichen Willens tut, sein Herz ist nach wie vor dort, wo seine Liebe ist, der äußere Abbruch verändert das nicht. Und der »Untreue«, der bereit und willens ist, die Außenbeziehung radikal abzubrechen, soll bedenken: Ist es möglich, nach all dem, was die beiden miteinander erlebt haben, so zu handeln? Ist hier nicht auch ein Band entstanden, das menschlich so wertvoll ist, daß man es nicht einfach von heute auf morgen zerreißen kann? Neben der menschlichen Verpflichtung dem Ehepartner gegenüber ist hier auch gegenüber dem/der Geliebten eine Verpflichtung entstanden, die nicht einfach außer Kraft gesetzt werden kann, als ob nie etwas gewesen wäre. Auch die Würde des/der Geliebten und seiner/ihrer Gefühle ist hier zu achten, was oft übersehen wird und zweifellos die Folge einer moralisierenden Einstellung zu Dreiecksbeziehungen ist. Wer in einer solchen Situation mit plötzlichem Beziehungsabbruch eine Lösung herbeiführen will, macht es sich zu einfach. Er wird vielleicht äußerlich die alte Situation wieder herstellen. Innerlich wird es für alle Beteiligten schlimmer sein als zuvor.

2. Verschweigen

Das Verschweigen ist – zusammen mit dem unvermittelten Abbruch – wohl der häufigste Lösungsversuch: Der/die Dritte wird dem Partner verschwiegen. Die Motivation dafür ist meist die Angst vor dem, was passiert, wenn der Partner dahinterkommt. Vordergründig jedoch wird für diesen Lösungsversuch immer wieder die Begründung herangezogen, dem Partner gehe doch durch die Außenbeziehung nichts verloren, der »Treue« würde unter Umständen jetzt mehr bekommen als vorher. Würde er aber davon erfahren, könnte er es nicht aushalten, würde zusammenbrechen, sich vielleicht sogar umbringen usw. Darum beginnt der »Untreue« ein Doppelleben. Auch wenn ihm das äußerlich jahrelang gelingt, geht es im Endeffekt meiner Erfahrung nach niemals gut. Es entsteht insgesamt eine Situation der Lüge, selbst wenn der »Untreue« ausdrücklich und verbal niemals lügt. Aber der Partner wird in einem wesentlichen Punkt des Zusammenlebens getäuscht. Damit aber wird der »Treue« tatsächlich zum Betrogenen. Nähe und Intimität der Partner werden notwendigerweise untergraben. Falls der »Untreue« das nicht so empfindet, sehe ich dafür keine andere Erklärungsmöglichkeit als die, daß er sein Leben spaltet: Er trennt das Leben mit seinem Partner und das Leben mit dem Dritten innerlich voneinander. Ein solcher Trennungs- und Abspaltungsmechanismus aber erzeugt einen psychisch desintegrierten Zustand. Daran ändert der Umstand nichts, daß diese Lösung in unserer Gesellschaft in allen Schichten tausendfach praktiziert wird. Nicht selten ereignen sich die schlimmsten seelischen und körperlichen Katastrophen, wenn nach einer langen Zeit die Außenbeziehung dann doch offenbar wird. Eine länger dauernde Außenbeziehung hat immer Gründe auch in der Art und Weise, wie das Paar bisher miteinander gelebt hat. Eine Geheimhaltung auf Dauer nimmt allen Beteiligten die Chance, in der Konfrontation mit dem Geschehen das eigene Leben und die eigene Beziehungsgestaltung zu reflektieren und zu revidieren. Das »barmherzige« Argument, den Partner mit der Verheimlichung schonen zu wollen, verfängt nicht. Im Gegenteil, man nimmt diesen dadurch als Person nicht ernst und man verbaut ihm eine – vielleicht die entscheidende – Chance zur Weiterentwicklung. Eine Liebesbeziehung ist etwas zu Wichtiges, als daß man sie durch Geheimhaltung einfach »wegstecken« könnte.

Ich spreche hier von lang andauernder Geheimhaltung. Damit will ich nicht behaupten, Außenbeziehungen müßten immer und unter allen Umständen sofort dem »Treuen« offenbart werden. Das Beispiel von Ria und Thomas hat gezeigt, daß Geheimhaltung unter bestimmten Umständen auch gut sein kann, besser wahrscheinlich, als es bei radikaler Offenheit von Ria nach ihrem »Rückfall« gegangen wäre. Thomas hat von diesem »Rückfall« nie erfahren – und allem Anschein nach wollte er auch gar nichts Genaueres davon wissen. Nach seiner ersten Reaktion zu schließen, hätte das Geständnis beim zweitenmal bei ihm wahrscheinlich katastrophale Folgen gehabt. Er hätte sich wahrscheinlich »verpflichtet« gefühlt, mit Ria Schluß zu machen. Das »Gegen-Ideal« gegen das verlogene Verschweigen dürfte also keineswegs die rückhaltlose Offenheit immer und unter allen Umständen sein. Diese kann vielmehr äußerst problematische Implikationen haben.

Rückhaltlose Offenheit geht von dem Anspruch aus, die Partner müßten ihre Seelen vor den Blicken des anderen wie offene Bücher aufgeschlagen haben. Dahinter steckt die Illusion der völligen Einheit von Liebes-Partnern. Die bleibende Fremdheit, die zwischen zwei Menschen immer besteht, wird geleugnet.

Rückhaltlose Offenheit kommt nicht selten einer Art Beichte gleich, bei der der eine vom anderen Absolution erwartet. Der Untreue gesteht, um vom anderen etwa zu hören: »Du brauchst kein schlechtes Gewissen zu haben!« Wenn »Treue« sagen: »Ich will von seinen/ihren Beziehungen gar nichts wissen«, dann ist diese Aussage oft auf diesem Hintergrund zu verstehen. Sie wollen nicht zu gewährenden Müttern/Vätern mißbraucht werden, die dem Partner etwa sagen sollen: »Mach nur deine Erfahrungen, mein Junge/mein Mädchen, es tut dir ja so gut!« Das Ansinnen, so großzügig gewährend auf die Außenbeziehung zu reagieren, hören sie oft mit Recht aus den reumütigen Geständnissen ihrer Partner heraus. In einem solchen Fall ist radikale Offenheit kein konstruktives Lösungsmodell, um mit dem Problem umzugehen, sondern ein Versuch, sich der Verantwortung für das eigene Tun zu entziehen.

Rückhaltlose Offenheit kann schließlich Ausdruck einer nahezu sadomasochistischen Einstellung sein. Der »Untreue« erzählt dem »Treuen« bis in alle Details, was er mit dem/der Geliebten erlebt hat, und der »Treue« will dies auch unbedingt von ihm hören. Oft mischen sich noch Kontrollmotive dazu. »Wenn ich mir nicht erzählen lasse, was er mit der Freundin erlebt hat, habe ich Angst, überhaupt keinen Einfluß mehr auf ihn zu haben«, so sagte mir eine Frau, und darum ließ sie sich lieber durch die minutiösen Darstellungen seiner Liebeserlebnisse halb zu Tode quälen, als ihren Partner loszulassen.

Die Vereinbarung »radikaler Offenheit«, das heißt die grundsätzliche Verpflichtung der Partner, bezüglich Außenbeziehungen alles sofort offenzulegen, ist also äußerst kritisch zu hinterfragen. Anstelle »radikaler Offenheit« plädiere ich für eine eigenverantwortlich gehandhabte Offenheit. Selbstverantwortung kann unter Umständen auch heißen, daß ich mich im Einzelfall und für eine bestimmte Zeit entschließe, den Partner nicht einzuweihen – im vollen Bewußtsein der Problematik einer solchen Entscheidung.

An unserem Beispiel: Ria verheimlichte zunächst einfach aus schlechtem Gewissen und Unvermögen ihren »Rückfall«. Sehr bald aber merkte sie, daß Armin für sie als Beziehungspartner nicht wirklich in Frage kam. Ihr wurde im Gegenteil immer deutlicher, was sie menschlich an Thomas hatte und wieviel sie mit ihm verband. Außerdem erlebte sie den entschlossenen Aufbruch von Thomas und mußte vermuten, daß dieser hoffnungsvolle Neuanfang in sich zusammenbrechen könnte, wenn er die Wahrheit erfahren würde. So wartete sie zunächst einmal ab und fühlte sich darin umso mehr bestärkt, je deutlicher sie spürte, daß sich die Beziehung zu Thomas wieder festigte und die zu Armin allmählich löste. Ohne daß Thomas je ausdrücklich etwas erfahren hat, verabschiedete sie sich dann von Armin und entschied sich neu für Thomas.

Ob dieser später etwas davon erfahren hat, entzieht sich meiner Kenntnis. Ich kann mir vorstellen, daß ein Paar im Laufe seiner weiteren Geschichte ein Stadium seiner Beziehung erreicht, in dem dann doch eine »innere Notwendigkeit« entsteht, das Geheimnis zu lüften, weil es vom Wissenden immer noch als etwas empfunden wird, was zwischen ihm und dem Partner steht und damit die neuentstandene Intimität stört. Ich kann mir allerdings auch vorstellen, daß die Außenbeziehung für immer das Geheimnis des ehemals »Untreuen« bleibt, einfach weil sie völlig unwichtig geworden ist und durch das Aufdecken eine Bedeutung erlangen würde, die sie in Wahrheit nicht mehr hat, weil das Paar in seiner Entwicklung sich bereits an einem ganz anderen Punkt befindet.

3. Tolerieren

Dieses Lösungsmodell entspricht einem oft geäußerten oder still gehegten Wunsch des »Untreuen«: Das Problem soll dadurch beseitigt werden, daß der Partner »es schafft«, die Außenbeziehung zu tolerieren. Nicht selten ist dies sogar die verdeckte Motivation des »Untreuen«, einen Therapeuten aufzusuchen. So gab Theo seinem Bild mit den drei Flößen den Titel: »In einem Boot?« Der »Untreue« beruft sich manchmal darauf, daß es ja Gründe für seine Untreue gäbe. Zum Beispiel: »Du weist mich ja ohnehin nur ab. Dir macht Sexualität offensichtlich mit mir keinen Spaß. Also kannst du es mir dann doch mit der Freundin erlauben!« Mit solchen Gründen soll der Partner unter Druck gesetzt werden. Es gibt immer wieder »Treue«, meiner Erfahrung nach in der überwiegenden Mehrzahl Frauen, die bereit sind, diesem Druck nachzugeben. Sie tolerieren die Außenbeziehung und behaupten sogar, es würde ihnen gar nichts ausmachen. Meines Erachtens ist diese Toleranz Selbstbetrug. Auf jeden Fall scheint es mir wichtig zu sein, sich der Implikationen und Konsequenzen dieser Toleranz bewußt zu sein, wenn sich jemand für diese Lösung entscheidet. Ich möchte dazu einige Beispiele geben:

Einem derartigen »Toleranzabkommen« ging in der Regel eine tiefe Verletzung oder jedenfalls Enttäuschung des »Treuen« voraus, nämlich als er von der Außenbeziehung erstmals erfahren hat. Eine solche Reaktion erfolgt fast immer auch dann, wenn die Partner schon jahrelang keinen sexuellen Kontakt mehr miteinander hatten, selbst dann, wenn der eine dem anderen sogar ausdrücklich empfohlen hat, sich für seine Bedürfnisse doch einen anderen Sexualpartner zu suchen. Wenn es dann tatsächlich passiert, ist die Reaktion fast immer tiefe Enttäuschung und Niedergeschlagenheit, weil eben doch die Hoffnung da war, daß es nicht geschehen würde. Es scheint mir wichtig, daß der »Treue«, der auf das Toleranzabkommen einzugehen bereit ist, sich über diese seine wirklichen Gefühle nicht hinwegtäuscht, sondern sie bei sich wahrnimmt und zuläßt. Andernfalls muß er sie verdrängen, und verdrängte Gefühle bleiben unverdaut und bringen das Toleranzabkommen irgendwann zum Scheitern. Zum Zweiten scheint es mir wichtig, daß der »Treue« den »Untreuen« mit seinen Gefühlen konfrontiert, statt ihn damit zu verschonen. Diese Gefühle gehören ja nun zur Realität, wie sie durch die Außenbeziehung entstanden ist. Mit ihr muß der »Untreue« konfrontiert werden, damit er sich nicht einer Harmonie-Illusion hingibt und meint, mit dem Toleranzabkommen wäre nun alles in bester Ordnung. Das ist es keineswegs. Davon zeugen die zahlreichen »Treuen«, die in einer solchen Situation an der Seite ihres Partners vereinsamen, impotent oder lustlos werden, schwer erkranken und verbittern.

Außerdem müssen sich alle darüber im klaren sein: Ein derartiges Toleranzabkommen verändert die Situation der ursprünglichen Paarbeziehung grundlegend. Es ist illusorisch zu meinen, die Außenbeziehung käme lediglich noch »dazu«, ansonsten würde sich gar nichts ändern. Durch die Außenbeziehung wird die Intimität der Ehepartner abnehmen. Die beiden werden auf größere Distanz zueinander gehen. Die »Ausschließlichkeit« stellte trotz aller Probleme, die die beiden miteinander haben mochten, eine spezifische Qualität von Nähe her, die jetzt verlorengeht. Wo eine sexuelle Beziehung gepflegt wird, entsteht Intimität. Eine andere sexuelle Beziehung von Dauer relativiert diese Intimität. Ich spreche hier nicht von dem Moment, wo eine Außenbeziehung gerade offen geworden ist. Zunächst regt das nicht selten die Sexualität des Paares sogar wieder an. Wenn jedoch die Außenbeziehung über längere Zeit parallel gelebt wird, nimmt zwischen den Ehepartnern die Intimität ab. Dabei kann sich eine Zeitlang ein Gleichgewicht einstellen: Die Intimität zwischen den Partnern hat sich gelockert, die zum/zur Geliebten ist (noch) nicht sehr intensiv, das Dreieck ist in einer gewissen Balance. Dies bleibt jedoch in der Regel nur eine Zeitlang so. Dann verdichten sich Sexualität und Intimität wieder, nach einer von beiden Seiten hin, entweder zum Ehepartner oder zum/zur Geliebten hin, und es läuft schließlich auf eine Trennung oder mindestens große Distanzierung vom jeweils anderen hinaus. Dieser Konsequenz müssen sich diejenigen bewußt sein, die ein solches Toleranzabkommen schließen.

Es gibt freilich Menschen, häufiger Frauen als Männer, die dies anders erleben. Die Außenbeziehung wird von ihnen als »bloß« sexuelle Beziehung ausgegeben, die »weiter nichts« zu bedeuten habe, und jahrelang neben der Ehebeziehung und vom Ehepartner toleriert gelebt wird. Ich kann mir nicht vorstellen, daß es sich dabei um etwas anderes handelt, als eine von der Gesamtperson abgespaltene Sexualität. Natürlich läßt sich damit irgendwie leben, ich frage mich allerdings, ob es nicht in einem solchen Fall die Aufgabe menschlicher Reife wäre, diese abgespaltene Sexualität in die Gesamtpersönlichkeit zu integrieren. Man kann natürlich auch mit Verleugnung und Abspaltung leben, das Leben wird jedoch dadurch oberflächlich und schal, oder es gerät in einen Zustand der Dauerspannung, der nicht belebt und erfüllt, sondern Nervosität und Unruhe erzeugt.

Schließlich die dritte Implikation: Wenn das Toleranz-Arrangement auf der Basis getroffen wird, daß die Ehepartner miteinander keine sexuellen Beziehungen mehr unterhalten, dann bedeutet dies, daß sich die eheliche Beziehung lockert. Psychologisch gesehen kommt die Ehe durch die kontinuierliche sexuelle Beziehung zustande. Diese schafft die spezifische »eheliche« Bindung der Partner aneinander – ob sie nun formell verheiratet sind oder nicht. Ein Toleranz-Arrangement, bei dem das Ehepaar zwar weiter zusammenlebt, die Erotik aber mit einem dritten lebt, bewirkt konsequenterweise, daß sie jetzt vielleicht in einer Versorgungsbeziehung, in einer Arbeitsbeziehung oder auch in einer Elternbeziehung leben, aber kein Ehepaar mehr sind. Die Paarbeziehung wird mit einem anderen gelebt. Diese Konsequenz bedeutet Verzicht auf gegenseitige Ansprüche und Abschied von der »alten« Ehe, sowie eine bewußte Neudefinition der Beziehung. Es muß den Partnern klar sein: Wir sind kein Ehepaar mehr, sondern eine Versorgungsgemeinschaft, ein Arbeitsteam, das sich für ein bestimmtes Ziel zusammentut, ein Elternpaar, das für die Kinder sorgt usw. Wohn- und Lebensgemeinschaft in diesem Fall werden von den Liebesbeziehungen getrennt.

Ich halte solche Entscheidungen für möglich. Manchmal sind sie wünschenswert, und ermöglichen für alle eine humane Lösung, weil dadurch nicht eine vollkommene Neuorganisation des gesamten Lebens notwendig wird, worunter vor allem die Kinder oft zu leiden haben. Allerdings erlebe ich selten, daß ein Toleranzabkommen in dieser Konsequenz geschlossen wird. Meistens verdeckt es nur geheime Wünsche und Hoffnungen, die dann doch immer wieder enttäuscht werden und in unerquickliche Konflikte und Streitigkeiten münden, deren eigentliche Ursachen verborgen bleiben. Es ist mir außerdem bewußt, daß es sich leichter anhört als praktisch durchführbar ist, »nur noch« als Arbeitsteam, Elternpaar usw. zusammenzuleben und die Liebesbeziehung mit einem Dritten zu pflegen. Paare, die eine echte Bindung zueinander hatten, schaffen es meistens nicht, eine so große räumliche Nähe bei gleichzeitiger Trennung auszuhalten. Das stellt in der Regel doch eine permanente Verletzung dar, so daß es zur Dauerqual wird und schließlich eine vollkommene Neustrukturierung der Lebensform erzwingt.

Zusammengefaßt möchte ich zu dem Lösungsmodell »Toleranz-Abkommen« sagen: Wenn ein Ehepartner eine Außenbeziehung eingegangen ist, die so ernsthaft ist, daß sie nicht von heute auf morgen einfach beendet werden kann, er dann aber trotzdem beteuert, er wolle damit die Ehebeziehung in keiner Weise gefährden und sie auch in keiner Weise in Frage stellen, mag dies gut gemeint und als Wunsch verständlich sein, aber es entspricht nicht der entstandenen realen Situation. In einem solchen Fall ist die Ehebeziehung immer gefährdet und grundlegend in Frage gestellt. Wir haben es nicht einfach in der Hand, willkürlich zu definieren, was ist und was nicht ist. Es kommt auf die Qualität der Außenbeziehung an. Wenn diese kein oberflächliches Abenteuer ist, dann steht immer die Paarbeziehung als solche in Frage. In gewissem Sinn ist sie dann sogar »außer Kraft gesetzt« und muß, wenn sie sich doch als tragfähig herausstellen sollte, neu definiert und eingegangen werden.

4. Vom Dreieck zum Viereck

Als Lösung wird hier angestrebt, daß auch der »Treue« eine Außenbeziehung eingeht, so daß aus dem Dreieck gewissermaßen ein Viereck entsteht. Dieser Lösungsversuch wird unterschiedlich gehandhabt. Der bislang »Treue« kann in der Untreue des Partners eine Art Erlaubnis sehen, seinerseits dasselbe zu tun. Oder er nimmt mit einer Außenbeziehung seinerseits Rache an dem, was ihm durch die Untreue des Partners angetan wurde, oder er sucht die Außenbeziehung als Trost für die erlittene Unbill, oder er nutzt sie als Gelegenheit, um seinerseits eigene Untreuewünsche zu realisieren.

Zweifellos hat das Viereck gegenüber dem Dreieck einen großen Vorteil: Es stellt ein Gleichgewicht her. Im Dreieck steht es ja immer Zwei zu Eins. Das empfindet der »Treue« in der Regel als besonderes Unrecht. Dieses Ungleichgewicht ist im Falle des Vierecks aufgewogen. In Beziehungen, die noch nicht gefestigt, sondern in einem Experimentierstadium sind, kann derartiges »notwendig« sein und zu wichtigen Entwicklungen führen. Auch in Beziehungen, die festgefahren sind, kann das ein Arrangement sein, zu dem beide greifen, um aus der Sackgasse herauszukommen und neues Leben in die Erstarrung zu bringen. Auch kann vorübergehend die Entspannung, die entsteht, wenn sich das Dreieck in ein Viereck wandelt, einen wohltuenden Einfluß auf die Gesamtsituation haben. Schon oft habe ich mir bei der Arbeit mit einem zutiefst gekränkten und in Depression versackenden »Betrogenen« heimlich gewünscht, er könnte auch das Erlebnis einer Liebesbeziehung haben. Der Zuwachs an Stärkung und Selbstwertgefühl, den dies mit sich bringt, kann die Auseinandersetzung auf eine ebenbürtige Basis mit dem anderen Partner stellen. Natürlich läßt sich so etwas nicht einfach programmieren und kann darum kein generelles Lösungsmodell darstellen. Eine Lösungsmöglichkeit auf Dauer ist es ohnehin nicht. Eine Ehebeziehung mit jeweils zwei Außenbeziehungen läßt meiner Erfahrung nach alle Beziehungen oberflächlicher werden.

Mir ist ein Ehepaar aus einem Workshop in eindrucksvoller Erinnerung, das seit Jahren diese Lösung für sich gewählt hatte. Beide lebten mit mal kürzeren, mal längeren Außenbeziehungen, so daß zwar insgesamt ein gewisses Gleichgewicht zwischen ihnen bestand. Aber wenn sie voreinander saßen, lag in ihren Blicken eine tiefe Traurigkeit. Es war, als betrauerten sie vergangene Möglichkeiten, die sie einmal hatten, die ihnen jedoch bei ihrem Experimentieren verlorengegangen waren, ohne daß sie den Mut gefunden hatten, etwas Neues zu beginnen. Bei mir verdichtete sich außerdem der Eindruck, daß diese beiden Menschen trotz ihrer inneren Sehnsucht nacheinander keine innere Erlaubnis hatten, den anderen ganz für sich zu haben. Ähnliche Probleme vermute ich bei vielen »progressiven« Paaren, die versuchen, in dieser Weise tolerant zu leben.

5. Das Dreieck miteinander leben

Dieser Lösungsversuch unterscheidet sich von dem des Tolerierens dadurch, daß alle drei, der »Treue«, der »Untreue« und der/die »Geliebte« eine wechselseitige Beziehung miteinander haben bzw. herstellen. Der »Treue« lernt den Dritten ebenfalls kennen, schließt mit ihm Freundschaft oder alle drei versuchen sogar, miteinander zu leben. Ich kenne solche Lösungsversuche vor allem aus dem alternativen Milieu. Der Versuch zu einem »Leben zu dritt« kann unterschiedlich motiviert sein. Er kann ideologisch motiviert sein, etwa von dem Bestreben, in Beziehungsangelegenheiten das Besitzdenken vollkommen zu überwinden, oder es kann sich einfach um den Versuch handeln, eine ausweglos scheinende Situation auf diese Weise zu lösen. Warum sollte es auch nicht möglich sein, eine Dreiecksbeziehung offen zu leben? Diejenigen, die es versuchen, werden mit einer Tatsache offen konfrontiert, die in jeder Dreiecksbeziehung an sich schon enthalten ist: Zwei müssen sich einen Menschen teilen, zwei Männer eine Frau oder zwei Frauen einen Mann. Das bedeutet dann: Zwei haben einen »nur halb« und fühlen sich darum oft benachteiligt, und einer hat wohl zwei, aber für sie muß er die begrenzte Zeit teilen, und so fühlt er sich sehr oft überfordert.

Den beiden, die teilen müssen, wird sehr viel Selbstverleugnung zugemutet, um dem jeweils anderen das nicht zu neiden, was er bekommt. Dadurch kommt der Dritte ständig in die Lage, für Ausgleich sorgen und es jedem der beiden recht machen zu müssen, was der Hauptgrund für seine Überforderung ist. Das heißt: Der hedonistische Traum, auf nichts zu verzichten und das Dreieck offen zu leben, mit Toleranz, gegenseitiger Akzeptanz und Liebe, dieser Traum ist in der Realität sehr oft härteste Arbeit –

mit vielen Entbehrungen. In den Fällen, wo ich derartige Versuche mitverfolgen konnte, habe ich drei verschiedene »Ausgänge« erlebt:

In einem Fall versuchten alle drei – zwei Frauen und ein Mann – alles miteinander zu teilen, das Alltagsleben, die Wohnung, auch die Sexualität. Dies endete in einem Beziehungschaos, weil die Beteiligten ihre wirklichen Gefühle von Konkurrenz, Eifersucht, Benachteiligung usw. lange Zeit unterdrückten und schließlich ihrer nicht mehr Herr wurden. Eine der Frauen verließ die gemeinsame Wohnung mit tiefen Verletzungen und Enttäuschungen.

Im zweiten Fall bestand das Dreieck ebenfalls aus zwei Frauen und einem Mann. Die Frauen lebten in getrennten Wohnungen, der Mann lebte abwechselnd mal bei der einen mal bei der anderen Frau. Das immer wiederkehrende Thema in dieser Konstellation war, wieviel Zeit der Mann für die eine und wieviel Zeit er für die andere Frau erübrigte. Er hatte alle Hände voll zu tun, seine Gunst gleichmäßig zu verteilen, und trotzdem blieben beide Frauen immer unzufrieden. Sie kamen immer mehr in die unwürdige Situation, miteinander um seine Gunst zu wetteifern. Schließlich löste sich das Dreieck zugunsten einer Zweierbeziehung auf. Die Beziehung, aus der im Laufe der Zeit ein Kind hervorgegangen war, bekam das Übergewicht. Die entstandene Familie grenzte die andere Frau aus, die allerdings aufgrund einer eigenen Therapie ohnehin daran war, sich zu distanzieren, weil sie immer mehr spürte, wie sehr sie sich mit dieser Situation selbst entwürdigte.

Im dritten Fall setzt sich die Dreiecksbeziehung aus zwei Männern und einer Frau zusammen. Jeder der drei hat seinen eigenen Wohn- und Lebensraum. Meines Wissens besteht diese Beziehung fort. Hier hat die Frau alle Hände voll zu tun, die beiden Männer zufriedenzustellen. Da sie auch Kinder hat, besteht ihr ständiges Problem darin, noch ein winziges Stückchen Zeit für sich selber zu finden. Alle Versuche, etwas für sich zu haben, drohen immer wieder durch die Anforderungen von allen Seiten zu mißlingen. Dennoch haben die beiden Männer das Gefühl, zu wenig zu bekommen und zu oft allein gelassen zu werden. Es ist darum ein sehr prekäres Gleichgewicht, das sich hier eingestellt hat. Es verlangt von allen Beteiligten ein Höchstmaß an Wachheit. Keiner kann sich innerlich in der Beziehung niederlassen, jeder muß innerlich »auf dem Sprung« bleiben. Dies ist sicher ein eklatantes Gegenprogramm gegen eine weitverbreitete »Beziehungs-Schläfrigkeit«, von der viele traditionelle Beziehungen befallen sind. Aber ob es auf die Dauer zufriedenstellen kann, erscheint mir zweifelhaft.

Aus den geschilderten Beziehungsexperimenten, das Dreieck offen zu leben, habe ich vor allem zwei Dinge gelernt:

Erstens: Das offen gelebte Dreieck bedeutet einen fortdauernden Verzicht darauf, »eine/n ganz für sich zu haben«. Wie immer diese Tendenz zu beurteilen ist, zweifellos entspricht sie einer tiefen Sehnsucht in uns. Ein Beziehungsdreieck kann miteinander nur gelebt werden, wenn die Beteiligten ständig gegen diese Sehnsucht angehen. Die meisten Menschen dürften damit überfordert sein.

Zweitens: Das offen gelebte Dreieck verlangt von den Beteiligten, daß sie in ihrem Lebenskonzept nicht der Bindung, sondern dem Alleinsein den Vorrang geben. Denn Bindung und Intimität können in dieser Lebensform nur vorübergehend erfahren werden. Binden kann ich mich in einer erwachsenen Beziehung immer nur an einen. Wenn ich mehrere Partner habe, bleibt als Konstante in meinem Leben lediglich der Rückzug auf das eigene Ich. Das heißt: Die Partner in der offenen Dreiecksbeziehung entscheiden sich gegenüber der Zweierbeziehung für das einsamere Leben – so paradox es klingen mag. Zu mehreren Partnern wird die Bindung lockerer, und jeder ist wieder mehr auf sich zurückverwiesen. Dieser Umstand dürfte die meisten Menschen überfordern und widerspricht wohl einer tiefen Sehnsucht nach Zugehörigkeit.

Der Traum von einer offen gelebten Dreiecksbeziehung scheint mir nur unter großen Entbehrungen und nur vorübergehend realisierbar zu sein. Eine Dreieckskonstellation ist und bleibt eine instabile Angelegenheit, sie wird immer die Tendenz haben, sich ganz oder zugunsten einer Zweierbeziehung aufzulösen.

Wenn ich die offen gelebte Dreierbeziehung als nicht effektiven Lösungsweg beurteile, meine ich damit allerdings nicht, daß in jedem Fall die Beziehung zum/zur Geliebten völlig abgebrochen werden muß. Es kann sein, daß das Dreieck in gewandelter Form tatsächlich weiterbestehen kann. Dies ist allerdings nur möglich, wenn vorher eine Auseinandersetzung untereinander stattgefunden hat, Zusammenhänge bewußt gemacht und Verletzungen ausgeräumt wurden. Auch muß es vorher zu einer klaren Entscheidung gekommen sein, daß die Ehebeziehung aufrechterhalten bleiben soll. Wenn das Paar sich neu füreinander entschieden hat, dann ist es allerdings durchaus denkbar, daß der/die frühere Geliebte in beider Leben eine wichtige Rolle spielt. Die Liebe muß nicht einfach begraben, sie kann auch umgewandelt werden. Die Sexualität wird dabei allerdings der Paarbeziehung vorbehalten bleiben. Wenn das zwischen den Dreien klar ist, kann es möglich sein, daß die frühere Liebesbeziehung zu einer tiefen Freundschaft wird. Aus dieser muß auch keineswegs die Erotik völlig ausgeschlossen sein, wenn beide, der ehemals »Untreue« und der/die ehemals »Geliebte« beiderseits einen klaren Verzicht geleistet haben, diese in Form von Sexualität miteinander leben zu wollen. Die so im besten Sinn des Wortes sublimierte Erotik kann durchaus ein inspirierendes und bereicherndes Element der Beziehung sein. Am besten geht es meiner Erfahrung nach dann, wenn es gelingt, daß zwischen dem »Treuen« und dem/der ehemals »Geliebten« ebenfalls eine freundschaftliche und nahe Beziehung entsteht, so daß alle drei Zuneigung und Liebe verbindet, nichts voreinander verborgen werden und sich keiner ausgeschlossen fühlen muß. Es gibt dann in dieser »Dreieckskonstellation« klare Grenzen und klare Differenzierungen hinsichtlich der Qualität der Intimität in den Beziehungen. So kann die ehemalige »Außenbeziehung« in die Ehe integriert werden und für alle eine Bereicherung darstellen. Damit allerdings so etwas entstehen kann, braucht es Zeit zum Aufarbeiten und Zeit für Entwicklungen. Denn herstellen läßt sich eine solche Konstellation nur bis zu einem gewissen Grad. Damit sie möglich wird, braucht es auch glückliche Umstände, vor allem den, daß der/die ehemals »Betrogene« und der/die ehemals Geliebte sich wirklich mögen können und ein herzlicher Kontakt zwischen ihnen entsteht.

SECHSTES KAPITEL

BERATUNG UND THERAPIE

Lösungsversuche wie die im vorherigen Kapitel beschriebenen führen meist nicht zu einer konstruktiven Bewältigung des kritischen Lebensereignisses einer Dreiecksbeziehung. Häufig vermehren sie den Streß der Beteiligten, so daß diese sich dann an professionelle Helfer wenden. Dieses Kapitel soll darum von Beratung und Therapie bei Dreiecksbeziehungen handeln. Es enthält jedoch keineswegs nur Informationen für professionelle Berater und Therapeuten. Ich schreibe es auch für Betroffene, zur Orientierung, Urteilsbildung und Anregung zur Selbsthilfe. Meine Erkenntnisse habe ich einerseits aus der Therapie von Paaren gewonnen, mit denen ich einzeln oder in Gruppen gearbeitet habe, andererseits aus therapeutischen Seminaren über Dreiecksbeziehungen, an denen hauptsächlich betroffene Einzelpersonen, in der Mehrzahl weibliche »Geliebte«, aber auch Vertreter der anderen beiden »Rollen« des Dreiecks teilgenommen haben. Dieser Umstand hat mir die Möglichkeit gegeben, Dreiecksbeziehungen immer wieder aus anderen Perspektiven sehen zu lernen. Das half mir, einen »allparteilichen« Standpunkt einzunehmen, also eine Haltung, die jedem der Beteiligten engagiertes Mitgefühl entgegenbringen kann, ohne für einen Partei zu ergreifen. Gerade bei der Dreiecksbeziehung neigen die Beteiligten dazu, Horror- oder Idealbilder voneinander zu erschaffen. Lernt der Therapeut / Berater nur einen kennen, besteht die Gefahr, daß er in seiner Sicht unangemessen eingeengt wird. Wenn ich im folgenden von Beratung / Therapie spreche, meine ich allerdings vor allem die Arbeit mit dem Paar, das in einer als verbindlich entworfenen Beziehung lebt, weil in dieser Situation das Problem der Dreiecksbeziehung am häufigsten zur Sprache kommen dürfte. Ich werde aber auch Überlegungen anstellen, in welcher Form der / die Dritte in angemessener Weise mit in den therapeutischen Prozeß einbezogen werden kann.

1. Bevor die Beratung/Therapie beginnt

Den Dritten miteinbeziehen?

Die Tatsache, daß in der Paartherapie der oder die »Dritte« kaum einmal direkt miteinbezogen wird, hat offensichtlich mit der weithin bestehenden Tabuisierung und Moralisierung des Beziehungsdreiecks zu tun. Geliebte wagen es meist nicht, sich in diesem Zusammenhang zu Wort zu melden, und manchen Berater beschleicht das Gefühl von Peinlichkeit bei der Vorstellung, einen/eine Geliebte bei sich im Beratungszimmer zu haben. Allerdings hat auch mich die Rücksicht auf die Gefühle des »Betrogenen« bisher immer davon abgehalten, das gesamte Dreieck gleichzeitig an einen Tisch zu laden. Vor allem, wenn die Situation noch relativ akut ist, wäre das für alle Beteiligten eine zu große Belastung. Ab einer bestimmten Höhe des Streß-Levels ist keine fruchtbare Arbeit mehr möglich, darum scheint mir das gesamte Beziehungsdreieck in der Praxis als Ansprechpartner nicht geeignet zu sein. Ich habe aber sehr gute Erfahrungen damit gemacht, den/die »Geliebte« in anderer Weise miteinzubeziehen: Entweder allein oder zusammen mit dem »Untreuen«. Dieser Vorschlag wird in der Regel sehr begrüßt, und zwar auch vom »Betrogenen«, weil auch dieser sich davon Klärung verspricht. Für die Therapie hat es folgende Vorteile gebracht: Der/die Geliebte ist fast immer Träger von Horror- bzw. Idealphantasien. Aus den Erzählungen »untreuer« Ehemänner zum Beispiel entstand für mich oft das Bild wahrer Idealfrauen. Als ich sie dann persönlich kennenlernte, hatten sie nichts Außerordentliches an sich, nicht selten erstaunte es mich sogar sehr, daß die Männer diese Frauen soviel attraktiver fanden als ihre eigenen. Wenn der Therapeut den/die Dritte persönlich trifft, erkennt er oft auf den ersten Blick, wie sehr dieser zum Träger von Idealprojektionen gemacht und unrealistisch eingeschätzt wird. Dies kann ein wertvoller Hinweis auf »Re-Inszenierungen« früherer Herkunftskonstellationen sein, auf jeden Fall aber wirkt sich die Ernüchterung des/der Therapeuten/tin als heilsame Abkühlung auf die erhitzten Gemüter aus. Manchmal hat mir das Kennenlernen des/der »Geliebten« und der Qualität der Beziehung zwischen ihm und dem »Untreuen« sehr schnell klargemacht, wieviel oder wie wenig Chancen die Ehebeziehung noch hatte. Freilich empfiehlt es sich dabei, ein endgültiges Urteil zurückzuhalten, weil man nie weiß, wie sich die Dinge entwickeln und welche unentdeckten oder auch verschütteten Seiten in den Beziehungen im Laufe des Prozesses noch zutage kommen können.

Oft hat es sich als hilfreich erwiesen, parallel einerseits mit Ehemann und Ehefrau und andererseits mit dem »Untreuen« und seinem/seiner »Geliebten« zu arbeiten. In jedem Fall aber war es nützlich, mit dem/der Geliebten mehrere Einzelgespräche zu führen. Vor allem weibliche Geliebte neigen dazu, ihre eigenen wahren Bedürfnisse und Ansprüche aus Mitleid mit dem Dilemma des Freundes stark zurückzustellen, das Gesetz des Handelns ganz dem Paar zu überlassen und sich selbst als bloßes Opfer ausgeliefert zu fühlen. Einzelgespräche haben bisher immer dazu geführt, daß diese »Geliebten« die eigene Situation deutlicher reflektierten und mit dem eigenen Wollen mehr in Kontakt kamen, was dann auch sehr oft Bewegung in den Gesamtprozeß des Dreiecks brachte. Außerdem hat das Einbeziehen des/der Geliebten immer stark zu der oben erwähnten »Allparteilichkeit« des Therapeuten beigetragen. Wenn man alle drei Betroffenen als ringende, liebende und suchende Menschen von Angesicht zu Angesicht erlebt, läßt sich ein einseitiger und moralisch urteilender Standpunkt nicht mehr aufrechterhalten.

Die Kinder miteinbeziehen?

Vor allem »betrogene« Ehefrauen haben manchmal den ausdrücklichen Wunsch, die Kinder in die Beratung/Therapie miteinzubeziehen. Dies geschieht fast immer in der Absicht, die eigene Position zu stärken und den Ehemann zum Bleiben bzw. zum Beenden der Außenbeziehung zu bewegen. So einfühlbar dies aus der ohnmächtigen Situation des/r »Betrogenen« ist, in den allermeisten Fällen sollte der Therapeut darauf nicht eingehen. Denn es handelt sich dabei fast immer um einen Mißbrauch der Kinder. Diese werden dafür eingesetzt, ein Problem, das nur das Paar angeht, lösen zu helfen. Dabei wird die Eltern- mit der Paarebene vermischt. Fragen der Liebe und Erotik zwischen den Erwachsenen gehören auf die Paarebene, nicht auf die Elternebene. Nur auf der Paarebene dürfen sie verhandelt und entschieden werden. Kinder sollten, um sich gut entwickeln zu können, nicht in diese Fragen verstrickt werden. Wenn immer wieder gesagt wird, daß Untreue und Trennung am schlimmsten für die Kinder sei, dann hat dies darin seinen Grund, daß diese Regel meist nicht eingehalten wird. Wenn Partner es vermeiden, ihre Kinder zu Mitwissern und Bundesgenossen ihrer Angelegenheiten zu machen, können Kinder auch schwere Krisen der Familie recht gut bewältigen. Den Partnern nahezubringen, daß sie als Eltern ihre Kinder nicht mit der Tatsache einer Außenbeziehung belasten dürfen, indem sie sie zu Bündnispartnern oder Trostspendern machen, sondern daß die Außenbeziehung ausschließlich ihr Problem als Paar ist und sie dies auch ausschließlich miteinander zu verhandeln haben, das scheint mir eine zentrale Aufgabe für den Therapeuten zu sein. Hier sollte er auch ein Stück Lehrer und Regelsetzer sein, nicht nur Begleiter.

Eine andere Frage in diesem Zusammenhang ist allerdings, wie die Eltern mit der Aufklärung der Kinder über die gesamte Situation umgehen können. Natürlich spüren die Kinder derart schwerwiegende Konflikte der Eltern. Sie haben alle möglichen Phantasien darüber, sind sehr beunruhigt und befürchten unter Umständen, selber Ursache der elterlichen Schwierigkeiten zu sein. Die Eltern sind ihrerseits meist sehr hilflos in dieser Situation, darum ist es wichtig, daß der Therapeut/Berater den Eltern Hilfestellung gibt, wie sie hier eine klare Situation schaffen können, ohne in unangemessener Weise die Paar-Grenzen zu verwischen. Dies geschieht zum Beispiel, wenn die Eltern den Kindern gemeinsam mitteilen, daß sie es gerade schwer haben miteinander. Worum es inhaltlich geht, muß gar nicht unbedingt mitgeteilt werden, außer daß dieser Konflikt nichts mit ihnen, den Kindern zu tun habe und die Eltern ernsthaft dabei seien, einen guten Weg für alle zu finden. Falls es notwendig erscheint mitzuteilen, daß eine andere Beziehung mit im Spiel ist, muß das durch den Elternteil geschehen, der diese Beziehung unterhält. Auf keinen Fall soll der »Treue«

den Kindern über den »Untreuen« berichten und letzterer ihnen gegenüber verstummen. Damit würde er als Elternteil ins Abseits gedrängt, vor allem wenn der Bericht mit der entsprechenden moralischen Abwertung versehen ist. Das wäre nicht nur eine Verletzung seiner Würde, sondern auch eine weitere Verminderung der Chancen der Ehebeziehung.

Sicher ist es vom »Treuen« viel verlangt, wenn er vor den Kindern die Würde des anderen Elternteils wahren soll. Trotzdem ist das seine Aufgabe. Denn was immer mit der Paarbeziehung geschehen wird: Beide bleiben Eltern, und ihre Achtung voreinander als Eltern sichert den Kindern weitere gute Entwicklungschancen.

Die Auseinandersetzung um die Außenbeziehung bleibt in jedem Fall allein ihre Sache, die Kinder haben dabei »draußen« zu bleiben. Sollte es im Verlauf der Therapie zur Entscheidung kommen, daß sich das Paar trennt und dadurch das gesamte Familiensystem neu geordnet werden muß, dann freilich sind die Kinder ab einem bestimmten Zeitpunkt wieder in den Prozeß miteinzubeziehen. Es handelt sich aber dann um eine Trennungs- bzw. Scheidungsberatung, die ihren eigenen Gesetzen folgt, auf die ich in unserem Zusammenhang nicht eingehen kann.[30]

Paar- und/oder Einzel-Arbeit?

Die Krise der Dreiecksbeziehung ist außer einer Krise der Paarbeziehung immer auch eine Krise der beteiligten Individuen. Auch von deren Entwicklung her ist es nie zufällig, daß »es passiert« ist. Darum drängen sich immer auch Fragen auf, die die Entwicklung des Individuums betreffen. Oft sind die einzelnen zu einer völligen Neuorientierung ihres Lebens herausgefordert. Deshalb sind zwar ausführliche Paargespräche nötig, andererseits aber muß immer wieder auch der Prozeß der einzelnen, auch wie beschrieben der/des Geliebten, im Auge behalten und unterstützt werden. Das heißt, der Therapeut soll außer den gemeinsamen immer auch Einzel-Gespräche anbieten, in denen solche Fragen diskutiert werden können.

Der »betrogene« Ehepartner braucht wegen der Kränkung,

welche die Außenbeziehung in der Regel für ihn bedeutet, in besonderem Maß Verständnis und Unterstützung. Wenn der »Untreue« nicht anwesend ist, fällt es oft leichter, den Gefühlen freien Lauf zu lassen. Dafür Raum zu schaffen und Unterstützung zu geben, ist die erste Aufgabe des Therapeuten. Aber auch die eigene Situation zu reflektieren und eigene Anteile an dem Entstehen der Außenbeziehung sehen zu können, ist in der Situation des Einzelgesprächs für den »Betrogenen« leichter möglich. Schließlich läßt sich auch der Frage, wofür dieses Ereignis einmal gut gewesen sein könnte, im Einzelgespräch leichter nachgehen, als in Anwesenheit des »untreuen« Partners. Wenn ein guter Kontakt entstanden ist, ist es im Einzelgespräch auch möglich und nötig, den »Treuen« mit der Gefahr einer Verhärtung durch seine rigide moralische Ankläger-Position zu konfrontieren. Die Anwesenheit des »untreuen« Partners bringt den »Treuen« beim Verhandeln solcher Themen leicht in eine noch schlechtere Position, als er ohnehin schon zu haben glaubt. Das Einzelgespräch schützt ihn davor, sein Gesicht zu verlieren, was in dieser bitteren Situation für ihn oft sehr wichtig ist.

Für den »Untreuen« können Einzelgespräche deshalb oft wichtig sein, weil er dann offen über sein Erleben der Außenbeziehung sprechen kann. Nicht selten »paßt« diese genau zu den Lebensthemen, mit denen er ohnehin gerade in seinem Leben konfrontiert ist. Um das zu erkennen, braucht es aber Zeit und Raum zur Reflexion. Im Gespräch mit einem verständnisvollen Gegenüber wird es ihm/ihr außerdem leichter, auch die Schattenseiten des/der Geliebten in den Blick zu bekommen, als wenn er immer nur in Gegenwart des Partners/der Partnerin über diese/diesen sprechen kann.

Über den Sinn und Nutzen von Einzelgesprächen mit dem/der Geliebten habe ich bereits in anderem Zusammenhang gesprochen.

Bei aller Wichtigkeit der Einzelgespräche darf allerdings nicht vergessen werden, daß die Auseinandersetzung mit der Paarbeziehung, und darum auch die Paargespräche, den zentralen Stellenwert behalten. Die Einzelgespräche sollten daher so konzipiert sein, daß sie immer wieder ins Paargespräch zurückführen und dieses vorantreiben. Zu viele Einzelkontakte über zu lange Zeit hin tragen die Gefahr in sich, daß der Paar-Prozeß aus dem Auge verloren wird. Sehr oft koppelt sich dann einer der Partner ab und klinkt sich aus dem therapeutischen Prozeß ganz aus, was für die Gesamtentwicklung nur von Nachteil sein kann.

Die Rolle des Therapeuten / Beraters

Beim Thema Dreiecksbeziehungen ist der Therapeut persönlich in keiner angenehmen Situation. Er betritt offensichtlicher als bei vielen anderen Themen einen Tabu-Bereich, dem etwas Peinliches und Verbotenes anhaftet. Dies betrifft als erstes seine persönliche Fähigkeit, über dieses Thema zu sprechen. Wenn nämlich außerhalb des therapeutischen Rahmens von nicht unmittelbar Betroffenen über Dreiecksbeziehungen gesprochen wird, geschieht dies entweder moralisierend, witzelnd oder manchmal auch oberflächlich progressiv, sozusagen locker-flokkig, wie es dem tatsächlichen Erleben in keiner Weise entspricht. Trotz Aufgeklärtheit und Liberalisierung besteht de facto hier also eine tiefe Sprachlosigkeit, an der auch der Therapeut Teil hat, und die auch ihn hemmen kann.

Außerdem hat er in seinem eigenen Leben möglicherweise einschlägige Erfahrungen gemacht, und es ist die Frage, wie weit er sich selber Rechenschaft darüber gegeben hat und ein solches Geschehen in seinem Leben und in seiner Partnerschaft integriert hat. Ist dies nicht oder kaum der Fall, stellt das Thema für ihn außer der kollektiven auch noch eine persönliche Peinlichkeit dar, die ihn im offenen Sprechen darüber weiter hemmen wird.

Weiterhin gibt es vielleicht leidvolle Erfahrungen mit Außenbeziehungen in seiner Herkunftsfamilie. Er hatte vielleicht selber einen Vater, der »fremdging«, und eine Mutter, die sich darüber bei ihm ausgeweint hat. In jedem Fall aber hat er oder sie eine bestimmte moralisch-religiöse Erziehung durchlaufen, in der solche Geschehnisse bewertet, be- und verurteilt wurden. Das alles trägt er in sich, das alles wird in ihm angesprochen und aktiviert, wenn er in seinem Beratungszimmer einer Dreieckskonstellation begegnet.

Schließlich ist er womöglich Mitarbeiter einer konfessionell gebundenen Beratungsstelle. Dann steht die Frage im Raum: Gibt es aufgrund der konfessionellen Trägerschaft eine vorgegebene Richtung, in der solche Fälle zu behandeln wären? Wahrscheinlich hüten sich seine Kolleginnen und Kollegen in der Einrichtung, diese Frage offen zu stellen, weil sie fürchten, daß sie dann vom Träger in einem Sinn entschieden würde, der ihnen die Arbeit erschweren könnte. Dennoch steht die Frage im Raum und schafft beim einzelnen Berater eine gewisse Unsicherheit darüber, ob er diesbezüglich seine persönliche Einstellung haben darf oder diese eigentlich geheimhalten muß, damit er mit dem Träger keine Probleme bekommt. Auch persönlich sehr liberale Mitarbeiter konfessioneller Beratungsstellen vermeiden es darum lieber, mit Dreiecksbeziehungen konfrontiert zu werden oder ächzen innerlich, wenn es dennoch geschieht.

Das alles hat Einfluß auf die Haltung, die Stimmung, die Ausstrahlung und das konkrete Verhalten des Therapeuten und damit auch auf das Ergebnis seiner Arbeit. Ich bin sicher, daß zum Beispiel die Tatsache, daß »Geliebte« so selten zu Gesprächen eingeladen werden, damit zu tun hat, daß bei ihnen am deutlichsten das »Unmoralische« der Dreiecksbeziehung zum Ausdruck kommt.

Das erste, worum sich ein Therapeut bemühen kann, um einen schädigenden Einfluß der aufgezählten Faktoren auf seine Arbeit zu vermindern, ist eine möglichst umfassende persönliche Bewußtheit. Die Frage, die er zu beantworten hat, lautet: Wenn ich alle diese Einflüsse ernst nehme, was ergibt sich dann daraus für meine persönliche Einstellung zur Dreiecksbeziehung? Welche Gefühle bewegen mich, welche Erlebnisse und Erfahrungen bringt dieses Thema in mir hoch, zu welchen Urteilen neige ich und für wen bzw. gegen wen bin ich geneigt, spontan Stellung zu beziehen? Der Therapeut braucht eine höchstmögliche Bewußtheit, was freilich nicht heißt, daß er irgendwann »keimfrei« und unbeeinflußt von all dem reagieren könnte und müßte. Dies wäre eine Forderung, die kein Mensch erfüllen kann. Aber je bewußter er mit den genannten Fragen umgeht, desto größer ist die Chance, daß sie oder er nicht von unbewußten Wertungen, Emo tionen und Parteinahmen überrumpelt wird – zum Schaden der hilfesuchenden Menschen.

Einseitige Parteinahme im Fall einer Dreiecksbeziehung ist überhaupt eine große Gefahr, größer als bei anderen Paarproblemen. Es geht um sehr intensive Gefühle und existenzielle Erfahrungen von Liebe, Haß und Leidenschaft, von Angst, Verletzung und Verlassenwerden. Das Beratungszimmer bevölkert sich mit Feen und Hexen, Helden und Unholden, die durch diese Gefühle von den Beteiligten kreiert werden. Es ist schwierig, als Therapeut nicht ständig entweder fasziniert oder aber abgestoßen zu sein. Mit beidem wird man aber dem Menschen nicht gerecht. Der wichtigste Grundsatz beim Umgang mit diesen Gefahren heißt für mich: Kontakt herstellen! Wenn ein echter Kontakt entstanden ist, kann ich Menschen fast immer verstehen, ja sogar mögen und schätzen. Dies ist für mich auch ein wichtiger Grund, warum ich möglichst den/die »Geliebte« miteinbeziehe. Wenn zu allen Beteiligten ein guter und tragfähiger persönlicher Kontakt hergestellt ist, dann werde ich den einzelnen »Mitspielern« im Dreieck am ehesten gerecht. Dadurch entsteht die sogenannte »Allparteilichkeit« des Therapeuten, die gerade in diesem oft so leidvollen Geschehen die Beteiligten sehr nötig haben, damit sie sich unterstützt fühlen.

Diese Allparteilichkeit schließt nicht aus, daß der Therapeut phasenweise den einen, dann wieder den anderen mehr unterstützt oder daß er vorübergehend einen im Dreieck besonders stark konfrontiert, zum Beispiel wenn dieser anfangen sollte, ein unlauteres Spiel zu treiben, indem er sich durch Schuldzuweisungen rechtfertigt und alle Verantwortung für sein Tun ablehnt. Allparteilichkeit heißt also nicht, zu allen immer dieselbe, womöglich unberührte Distanz zu halten, sondern es heißt, sich mit jedem wirklich persönlich einzulassen. Allparteilichkeit heißt aber auch nicht, zu allen immer gleich »lieb« zu sein, um nur ja niemanden zu verletzen. Harte Auseinandersetzungen und klare Worte sind gerade im Gefühlschaos von Dreiecksbeziehungen bitter nötig. Was aber der Therapeut möglichst vermeiden sollte, ist, ausschließlich Anwalt von einem oder zwei der Beteiligten zu werden. Damit hilft er niemandem weiter. Als Anwalt eines »Opfers«

wird er selber in ein Retter-Opfer-Verfolger-Spiel hineingezogen, aus dem er dann meist enttäuscht und erfolglos, also seinerseits als Opfer hervorgeht.

Schließlich ist zu sagen: Auch ausschließlicher Anwalt der Ehebeziehung kann der Therapeut nicht sein wollen, selbst wenn er diese Beziehung noch so gerne erhalten würde. Er weiß ja nicht, ob nicht gerade die Auflösung dieser Ehe der nächste wichtige Schritt ist, den die Ehepartner für ihre persönliche Weiterentwicklung brauchen.

Wie könnte man demnach die angemessene Haltung des Therapeuten positiv charakterisieren? Gerade an der Auseinandersetzung mit dem heiklen Thema der Dreiecksbeziehung wird am deutlichsten, welche Haltung für Menschen in Schwierigkeiten überhaupt die hilfreichste ist: wenn sich nämlich der Therapeut als Anwalt der Entwicklungsmöglichkeiten aller drei versteht. Am hilfreichsten ist jener Therapeut, der in seiner ganzen Haltung die Frage verkörpert: »Wozu wird dieses Ereignis einmal gut gewesen sein?« In allem, was geschieht, sucht er die Spur des Lebens und glaubt daran, daß dieses sich durchsetzen kann. Das bedeutet aber auch, daß er innerlich bereit sein muß, Menschen in einem offenen Suchprozeß zu begleiten, dessen einzelne Stationen nicht vorhersehbar sind, und der auch über die Auflösung von Beziehungsgefügen, über Trennung und Abschied führen kann.

2. Phasen der Beratung / Therapie

Im Laufe der Jahre hat sich aus der praktischen Arbeit heraus bei mir eine Art »Phasenmodell« für die Beratung und Therapie von Dreiecksbeziehungen herausgebildet. Ich möchte dieses im folgenden darstellen. Für mich ist dieses Modell ein Orientierungsraster, nicht ein »vorgeschriebener Fahrplan«. Im konkreten Verlauf kann es sein, daß sich die einzelnen Phasen überlappen und daß manche weniger deutlich oder gar nicht zum Tragen kommen. Wiederum ist dieses Phasenmodell im Hinblick auf die Therapie mit einzelnen Paaren formuliert, die über längere Zeit in Therapie kommen. Ähnliche Prozeßabläufe konnte ich auch innerhalb von

Mehr-Tages-Workshops mit Gruppen von Paaren feststellen, allerdings zeitlich hier auf bedeutend engerem Raum zusammengedrängt.

Wenn ich mich mit einem Paar, das ein Dreiecksproblem hat, auf einen therapeutischen Prozeß einlasse, müssen zwei Voraussetzungen erfüllt sein:

– daß die Dreieckskonstellation für beide Partner ein Problem ist, das sie lösen möchten,
– daß für beide die Lösung noch offen ist.

Diese beiden Voraussetzungen sind lange nicht immer erfüllt. Manchmal sucht einer oder suchen beide im Therapeuten lediglich einen Bundesgenossen: der »Betrogene«, um den »Betrüger« noch wirksamer zu verurteilen, der »Betrüger«, um seine bereits innerlich gefällte Entscheidung, nämlich sich vom Ehepartner zu trennen, vom Experten bestätigen zu lassen.

Nicht selten auch möchte einer von beiden den Partner zur Therapie beim Therapeuten lediglich »abgeben«: der »Treue«, damit der »untreue« Partner seine persönlichen Probleme, die sich seiner Ansicht nach in der Außenbeziehung zeigen, (endlich einmal) bearbeitet, der »Untreue«, damit der Partner soweit stabilisiert wird, daß er die Außenbeziehung aushalten, vielleicht sogar tolerieren oder gutheißen kann.

Liegen solche Fehlmotivationen vor, muß der Therapeut versuchen, in Arbeitsgängen die noch vor der ersten Phase liegen, diese zu korrigieren. Andernfalls ist keine Therapie/Beratung möglich. Denn der Therapeut ist weder Moralapostel, der ein bestimmtes Verhalten propagiert, noch ist er Sanitäter, der sich »nach der Schlacht« um die zurückgebliebenen Verwundeten kümmert. Je länger ich arbeite, desto wichtiger wird mir, auf derartige Zumutungen zu achten und nicht auf sie einzugehen. Therapie kann nur stattfinden, wenn derartige Absichten entweder nicht vorhanden sind oder geklärt werden konnten, und wenigstens ansatzweise bei beiden Partnern die Bereitschaft spürbar ist, sich auf einen offenen Prozeß einzulassen.

Erste Phase: Entscheidungsspielraum gewinnen

Das erste und wichtigste Ziel, damit der Prozeß einer Problemlösung in Gang kommt, ist es, für die Betroffenen einen geeigneten Entscheidungsspielraum zu schaffen. Verständlicherweise sind bei der Krise der Dreiecksbeziehung mindestens zwei von den drei Beteiligten stark unter Druck und möchten möglichst rasch eine Entscheidung herbeiführen. Oft ist es der »Treue«, der den andern heftig unter Druck setzt, möglichst schnell die Beziehung zum/zur Dritten abzubrechen. Der »Untreue« hat meist keine schlagenden Argumente dagegen vorzubringen, dennoch sträubt sich alles in ihm, diesem Verlangen nachzukommen.

Dies ist für eine konstruktive Auseinandersetzung eine verfahrene Situation. Sie muß im Dreiergespräch mit dem Therapeuten neudefiniert und umgestaltet werden. Ich bringe hier immer meine Erfahrung ein, daß die Dreiecksbeziehung, so schwer sie für alle, besonders für den »Treuen« sein mag, und wie immer sie ausgehen wird, eine große Chance für alle Beteiligten sein kann, wenn sie deren Herausforderung annehmen. Die äußere Voraussetzung dafür aber ist, einen ausreichenden und zugleich klar begrenzten Entscheidungsspielraum zu schaffen. Das heißt: Einerseits muß das Damoklesschwert der ständig drohenden Trennung (sei es von seiten des »Treuen«, sei es von seiten des »Untreuen«) beseitigt werden, andererseits aber darf auch nicht alles im Vagen bleiben. Einerseits müssen beide akzeptieren: Was durch die Außenbeziehung geschehen ist, kann nicht mehr ungeschehen gemacht werden, und damit steht die Ehe-Beziehung in Frage. Eine tragfähige Antwort auf diese Frage zu finden, erfordert Zeit und eine gewisse Sicherheit für alle Beteiligten. Andererseits muß die Belastung für alle Beteiligten erträglich gemacht werden, und zeitlich überschaubar bleiben, und am Ende soll eine klare Entscheidung stehen.

Mein Vorschlag lautet darum, einen bestimmten Zeitraum festzulegen, in dem sich die Partner zusagen, keinerlei definitive Entscheidung über die Form des Zusammenlebens zu fällen, also weder die Ehebeziehung aufzulösen, noch die Außenbeziehung in eine neue Ehebeziehung zu überführen. Damit ist der Raum geschaffen und zugleich abgesteckt, in dem alle aufgeworfenen Fragen bearbeitet werden können mit dem Ziel, zu einer tragfähigen und weitgehend gemeinsamen Entscheidung zu gelangen.

Vom Ausmaß her schlage ich für den Entscheidungsspielraum in der Regel mindestens ein halbes, eher ein ganzes Jahr vor. Es braucht von seiten des Therapeuten manchmal einige Energie, beide für diesen Aufschub zu gewinnen. Für den »Untreuen« bringt dieser zwar meist eine große Erleichterung (wenn er nicht gerade von dem / der Geliebten unter Druck gesetzt wird) aber der »Treue« braucht meist viel Unterstützung, um sich damit wirklich einverstanden erklären zu können. Aber, so versuche ich es klarzumachen, was hätte er davon, wenn sein Partner zwar morgen die Außenbeziehung abbräche, aber mit dem Herzen nach wie vor beim Geliebten sein würde?

Die Vereinbarung des Entscheidungsspielraums beinhaltet auch, daß der »Untreue« nicht unter Druck gesetzt wird, die Außenbeziehung in dieser Zeit ruhenzulassen, das heißt zu unterbrechen, wie es oft nahegelegt wird. Ich halte davon nichts. Einmal bin ich der Meinung, daß Beziehungen nicht beliebig manipulierbar sind, so daß sie wie eine Maschine mal abgeschaltet und mal wieder in Gang gesetzt werden können. Zum anderen ist eine solche Beziehungsunterbrechung für den therapeutischen Prozeß nicht hilfreich. Ein plötzlicher Abbruch, auch wenn er nur vorläufig gemeint ist, führt dazu, daß der »Untreue« die Beziehung trotzdem heimlich weiterführt oder in seiner Sehnsucht den / die Geliebte(n) zu einem Idealbild stilisiert oder aber im Gegenteil alles, was in dieser Beziehung Wichtiges für ihn aufgebrochen ist, wieder verdrängt. Alle drei Möglichkeiten sind für einen guten Such- und Entscheidungsprozeß destruktiv. Besser ist es, wenn auch die Liebesbeziehung in der Bewegung der zeitlichen Entwicklung bleibt und damit erweist, wie tragfähig sie ist.

Mit diesem Vorschlag haben die »Treuen« oft große Mühe, es wird ihnen ja auch tatsächlich dabei ein langer Atem und große Toleranz abverlangt. Aber letztlich ist das in ihrem eigenen Interesse. Weil es aber so schwierig ist, müssen für diesen Entscheidungsspielraum meistens auch noch äußere Voraussetzungen geschaffen werden, welche die Situation lebbar machen. In der Regel müssen die Ehepartner einen größeren räumlichen Abstand zwischen sich schaffen. Meistens ist die Trennung der Betten das mindeste, was sich als nötig erweist, manchmal trifft das Paar auch die Vereinbarung, sich vorläufig räumlich ganz zu trennen, so daß der »Treue« nicht unmittelbar miterlebt, wenn der »Untreue« Kontakt zum/zur Geliebten aufnimmt. Als für den Prozeß am günstigsten habe ich es immer wieder erlebt, wenn jeder der drei seinen eigenen Lebensraum hatte und von da aus die Auseinandersetzung um den weiteren Weg aufnahm.

Diese äußere Distanzierung fällt Paaren oft sehr schwer. Sie macht klar, daß die Situation wirklich ernst ist. Der größere äußere Abstand ist bereits ein schmerzliches Abschiednehmen von einer Innigkeit und Einheit der Beziehung, oftmals auch von einem übertrieben symbiotischen Beziehungskonzept, das ein für allemal dahin ist, wahrscheinlich schon lange dahin war, nur haben es die Partner bisher nicht wahrhaben wollen. Deshalb hat die Herstellung dieser neuen äußeren Situation oft an sich schon eine wichtige therapeutische Wirkung. Sie markiert den Schritt von der Verschmelzungsphase oder Widerstandsphase der Beziehung in die nächste Phase der Entwicklung, in eine nicht mehr rückgängig zu machende Distanzierungsphase (vgl. Kapitel 3.3).

Natürlich ist es mit solchen äußeren Maßnahmen allein noch nicht getan. Sie sind nur die Voraussetzung dafür, nun in einen intensiven und fruchtbaren Prozeß miteinander zu treten. Auch diesen Prozeß versuche ich als Therapeut so weit zu strukturieren, daß er nicht von den destruktiven Kräften, die in einer solchen Konfliktsituation mit ihrem Übermaß an Streß immer freigesetzt werden, überrollt wird. Erstens vereinbaren wir Stunden in regelmäßigen Abständen, und darüber hinaus schlage ich dem Paar vor, Problemgespräche untereinander nur auf bestimmte Tage und Zeiten zu beschränken und im übrigen so miteinander zu leben, wie es eben geht. Damit soll beides verhindert werden: daß Gespräche zwischen den Partnern überhaupt nicht mehr stattfinden und Sprachlosigkeit um sich greift, aber auch, daß das gesamte Leben künftig im Problematisieren untergeht. Es kann durchaus auch sein, daß ich dem Paar vorschlage, die Problemgespräche überhaupt nur auf die Therapiestunden zu beschränken.

Im übrigen laden sie sich gegenseitig in regelmäßigen Abständen zum Zusammentreffen ein, das sie jeweils nach ihren Vorstellungen gestalten, wobei sie das Thema Außenbeziehung bewußt ausklammern sollen. Über alles andere können sie sprechen. Wenn es ihnen möglich ist, sollten sie sich bei diesen Gelegenheiten so begegnen, als ob sie zwei Menschen wären, die keinerlei Ansprüche aneinander erheben und die den anderen innerlich freigegeben haben. Diese Übung des »Als-ob« kann dazu beitragen, daß jeder stärker bei sich bleibt, daß er den Partner aus seiner Kontrolle entläßt und daß eine neue Begegnung zwischen ihnen möglich wird, die wichtige Informationen für den laufenden Entscheidungsprozeß liefert.

Zweite Phase: Das gegenwärtige Muster verstehen

Wenn beide Partner dafür gewonnen sind, sich gegenseitig den beschriebenen Entscheidungsspielraum zuzugestehen, dann tritt die Frage in den Vordergrund, wie es eigentlich zu dieser Dreieckskonstellation gekommen ist. Das Ziel dieser Phase ist, dem Paar zu helfen, zu einer neuen Sicht- und Beschreibungsweise des Geschehens der Dreiecksbeziehung zu finden. Die Partner kommen ja schon mit einer bestimmten Sichtweise des Geschehens, das sich fast immer an einem der oben charakterisierten Beschreibungsmodelle orientiert (vgl. Kapitel 1.5). Damit werden aber fast immer einer oder zwei zu Schuldigen oder Kranken gemacht.

Das läuft im Grunde darauf hinaus, daß nur an einer Stelle des Dreiecks die Ursache des Problems gesehen wird. Würde also die Ursache beseitigt, wäre das Problem gelöst. Wir haben gesehen, daß es so einfach nicht ist. Das Bemühen des Therapeuten geht darum in erster Linie dahin, mit dem Paar herauszufinden, aus welcher gegenwärtigen Konstellation, aus welcher Art von Zusammenspiel in ihrer Beziehung sich die Außenbeziehung mit einer gewissen inneren Logik ergeben haben mag. Dabei werden die Fragen nach der Imbalance der Beziehung hinsichtlich Autonomie und Bindung, Dominanz und Unterordnung, Geben und Nehmen aktuell, wie wir sie in Kapitel 2 besprochen haben. Das Zusammenspiel aller, auch des »Treuen« am Zustandekommen der Dreiecksbeziehung soll deutlich werden, und zwar so, daß die Dreiecksbeziehung ein wesentliches Thema für die Lebens- und Beziehungsgestaltung aller Beteiligten in den Vordergrund gebracht hat. Damit wird die Außenbeziehung des einen zu einer gemeinsamen Herausforderung für das Paar bzw. für alle drei, wenn es möglich ist, den Dritten in der beschriebenen Weise miteinzubeziehen.

Es ist in dieser Phase auch wichtig, daß allen, vor allem auch dem/der »Geliebten«, deutlich wird, welche Funktion dieser/diese für die Paarbeziehung einnimmt. Dies zu erkennen, kann sehr ernüchternd sein. Denn die Wahrscheinlichkeit ist sehr groß, und das versuche ich auch immer klarzumachen, daß die Intensität der Außenbeziehung jedenfalls zu einem guten Teil von der spezifischen Problematik der Ehebeziehung lebt. Ich habe oft schon erlebt, daß sich die intensivsten Gefühle in der Außenbeziehung total veränderten und abkühlten, wenn sich die Ehebeziehung auflöste. Für die/den Geliebten ist es wichtig, sich darüber klarzuwerden, inwieweit sie/er im Konflikt der Partner auch »benützt« wird.

In dieser Phase kann sich herausstellen, wie sehr das Paar im Laufe seiner Geschichte bestimmte Seiten seiner Beziehung – zum Beispiel ein ebenbürtiges und ausgeglichenes Verhältnis von Geben und Nehmen – aus dem Auge verloren hat. Es kann sein, daß sie entdecken, daß durchaus noch eine gemeinsame Basis vorhanden ist, daß sie aber seit Jahren zunehmend darüber hinwegleben. Das kann dazu führen, daß diese Substanz sich neu belebt, wie wir es in unseren Beispielen vor allem bei Theo und Maria sowie an Ria und Thomas erlebt haben. Somit kann die Außenbeziehung an Bedeutung verlieren und der »Untreue« sich schließlich dazu entscheiden, einen neuen Anfang in seiner Ehe zu machen. Dies ist aber dann nie eine »Rückkehr«, sondern immer ein gemeinsamer neuer Aufbruch. Auch der »Treue« übernimmt Verantwortung dafür, die nicht mehr oder noch nie gelebten Seiten zu beleben. Wenn der Prozeß so verläuft, ist auch immer darauf zu achten, daß die Außenbeziehung in einer würdigen Weise beendet wird, und nicht nach dem Motto »Der Mohr hat seine Schuldigkeit getan, der Mohr kann gehen!« Ein Abschiedsritual zwischen den/der »Untreuen« und dem/der Geliebten, das in einer eigens dafür angesetzten Therapie-Stunde durchgeführt wird und in dem einer dem anderen dankt, was er von ihm bekommen hat, wird vielleicht nicht immer möglich sein, könnte aber dafür eine große Unterstützung sein (vgl. dazu Kap. 6.4).

Dritte Phase: Paargeschichte und Lebenszyklus miteinbeziehen

Meist geht aber die Entwicklung nicht so schnell voran, wie die letzten Sätze nahelegen mögen. Im Zusammenhang mit den gegenwärtigen Beziehungsmustern werden nämlich immer Fragen der gemeinsamen Geschichte, der Entwicklung der Paarbeziehung und des Lebenszyklus aktuell, die ebenfalls diskutiert und bedacht werden müssen (vgl. dazu Kap. 3) .

Gerade das Aufrollen der Paargeschichte macht oft deutlich, wieviel Basis in einer Beziehung noch vorhanden ist. Oft wird durch den Konflikt der Außenbeziehung erst wirklich deutlich, unter welch schlechten Voraussetzungen diese Ehe begonnen hat, wie sie nur durch die gemeinsamen Kinder, das gemeinsame Haus, die Finanzen usw. zusammengehalten wurde und der Eros in dieser Beziehung nie wirklich leben konnte. Nun, durch das Erleben der Außenbeziehung, fordert dieses Lebensprinzip unausweichlich seinen Tribut. Oft jedoch wird gerade durch das Betrachten der Paargeschichte, vor allem auch der gemeinsamen »Beziehungs-Utopie« am Anfang der Beziehung, deutlich, wieviel die Partner miteinander verbindet und welchen Schatz die gemeinsame Geschichte darstellt. Vieles von dem, was einmal war, taucht als Möglichkeit wieder auf und läßt die Ehebeziehung als die wichtigere und fundamentalere erscheinen, so daß sich die Entscheidung zugunsten des Partners klärt. Auch hier sei wieder auf den Prozeß von Theo/Maria und Thomas/Ria verwiesen.

Nicht selten wird die Außenbeziehung auch verstehbar als Endpunkt einer ganzen Reihe von Verletzungen oder auch als Reaktion auf eine Verletzung, über die ausdrücklich nie miteinander gesprochen wurde. Ist dies der Fall, wird es nötig, sich gegenseitig von diesen Verletzungen zu erzählen, um Verzeihung zu bitten und Verzeihung zu gewähren. Die Außenbeziehung kann dann als wichtiges Thema unter Umständen sogar in den Hintergrund treten. Wenn dieses »Museum der Verletzungen« ausgeräumt ist, kann das wieder einen doppelten Effekt haben: Entweder die Ehebeziehung wird auf eine neue Basis gestellt, oder aber in diesem Prozeß wird deutlich, daß die Liebe des Paares durch nicht mehr zu verzeihende und nicht mehr wieder gutzumachende Verletzungen schon lange tot ist, daß sich das Paar dies aber aus äußeren Gründen nicht eingestanden und darum weiter zusammengelebt hat. Das Ereignis der Außenbeziehung läßt nun kein Ausweichen vor dieser Auseinandersetzung mehr zu.

In dieser Phase der Therapie werden auch sehr individuelle Fragen angesprochen. Da, wo die Außenbeziehung wie bei Theo und Maria, am Beginn der Altersphase, sozusagen auf dem Hintergrund des »Leeren-Nest-Syndroms« eingegangen wurde, stellen sich die Fragen nach Jungsein und Altwerden, nach grundsätzlichen Lebenskonzepten, nach Tod und Sinn des Lebens. Die Außenbeziehung erscheint als Schrei nach mehr Tiefe, mehr Lebendigkeit, mehr Intensität, und gleichzeitig zeigt sie, daß sie als solche keineswegs eine Antwort auf diese Fragen sein kann, denn diese liegen viel tiefer und sind viel grundsätzlicher anzugehen. Aufgrund dieser sehr existenziellen Fragestellungen sind in dieser Phase auf jeden Fall auch Einzelstunden für die Betroffenen angemessen.

Auch was wir über die Phasen der Entwicklung einer Paarbeziehung gesagt haben (vgl. Kapitel 3.3) und welche Bedeutung Außenbeziehungen für diese Phasen jeweils haben können, wird in dieser Phase der Therapie in unterschiedlicher Weise aktuell. Im Licht dieses Phasenmodells erkennen die Partner oft den großen Wert, den das Dreieck für eine längst fällige Weiterentwicklung hatte. Über diesen Weg kann es zu einer klaren Entscheidung für oder gegen die Ehebeziehung kommen. Oft reicht aber auch die Behandlung dieser Aspekte noch nicht aus.

Vierte Phase: Die Vergangenheit integrieren

Es erweist sich dann als nötig, in die individuelle Vergangenheit der Beteiligten zurückzugehen und danach zu fragen, welche unerledigten Angelegenheiten sie aus ihrer Geschichte mitbringen und in der gegenwärtigen Dreieckskonstellation wiederholen. Was dies im einzelnen bedeuten kann, das habe ich in Kapitel 4 dargelegt. Das Ziel dabei ist immer, die Gegenwart von der Vergangenheit zu befreien, oder mit anderen Worten: das Problem an den Ort zurückzubringen, an dem es entstanden ist, um es dort zu lösen und so Zukunft zu eröffnen. Das heißt zum Beispiel: Der Muttersohn und »nette Junge« Thomas mußte seine Mutter loslassen, dann brauchte er sich nicht mehr an Ria zu klammern. Oder: Die Vatertochter und »Prinzessin« Lilo mußte den Weg zu ihrer Mutter finden, dann brauchte sie nicht mehr zu hoffen, ihre Bestätigung als Mädchen und Frau vom Vater und von väterlichen Liebhabern zu erhalten.

Das »Lösen des Problems da, wo es hingehört«, ist in erster Linie ein innerseelischer Vorgang, eine Neuordnung der von den einzelnen Beteiligten verinnerlichten Beziehungskonstellationen ihrer Herkunftsfamilien. Darum muß diese Neuordnung nicht in der äußeren Realität geschehen, was ja gar nicht mehr möglich wäre, weil dieses Familiensystem heute nicht mehr so existiert, wie es von den Betroffenen verinnerlicht ist. Die Neuordnung stellt einen inneren Vorgang der Neuorientierung dar. Allerdings kann und muß manchmal dieser Vorgang äußerlich unterstützt werden, damit er sich vollziehen kann. Folgende drei Möglichkeiten dazu sind nützlich:

Erstens kann es nützlich oder notwendig sein, die ungelösten Bindungen tatsächlich mit den noch lebenden Eltern anzugehen. Für Thomas' Neuorientierung war es zum Beispiel eine große Hilfe, daß er auf eine neue Weise Kontakt zu seinem Vater suchte und diesen zu pflegen begann. Dadurch allein gewann er eine völlig neue Sichtweise und eine äußere und innere Distanz zu seiner Mutter. Solche Handlungsweisen, die den Regeln in der Herkunftsfamilie widersprechen, können den Prozeß der inneren Neustrukturierung sehr voranbringen.

157

Wenn die Eltern nicht mehr leben, gibt es zweitens auch andere, symbolische Unterstützungsmöglichkeiten. Wenn der Prozeß in einer Gruppe stattfindet, können die Gruppenmitglieder herangezogen werden, auf eine in der Tradition der Familientherapie entwickelte einfache Weise die Herkunfts-Familie des Betreffenden in ihrer Konstellation im Raum darzustellen.[31] Diese Darstellung gibt das innere Bild des Betreffenden wieder. In einem oft sehr bewegenden Prozeß wird dieses Bild neu geordnet, indem die Positionen der Familiendarsteller verändert werden. So war es tief beeindruckend, als während eines Seminars Lilo, die sich ganz nahe zum Vater und ganz weit weg von der Mutter gestellt hatte, diesen Platz wechselte und zur Mutter ging. Da brach ein Strom von Sehnsucht und Liebe aus ihr heraus zur Mutter hin, und sie spürte zum erstenmal selber deutlich, wie sehr sie die Nähe der Mutter suchte und brauchte, um sich selbst zu finden.

In der Therapie mit einem einzelnen Paar verwende ich drittens manchmal hölzerne Figuren für die einzelnen Familienmitglieder, um dasselbe zu bewerkstelligen. Auch dies ist eine Möglichkeit, den Prozeß der Neustrukturierung des inneren Familiensystems in Gang zu bringen und zu unterstützen.

Fünfte Phase: Entscheidungen treffen

Zu welchem Ende der Gesamtprozeß gelangen wird, das zeichnet sich in der Regel bereits in den vorhergehenden vier Phasen ab. Obwohl es theoretisch auch anders denkbar wäre (vgl. Kap. 5), gibt es meiner bisherigen Erfahrung nach vor allem zwei Lösungen, die von den Beteiligten als stimmig empfunden werden. Entweder es kommt zu einer Trennung der Partner, wobei in der Regel zunächst noch ganz offen bleibt, was aus der bisherigen Außenbeziehung wird; oder die Partner entschließen sich zu einem neuen Anfang ihrer Beziehung, was in der Regel für den ehemals »Untreuen« die Trennung von der/dem Geliebten bedeutet, soweit diese nicht bereits während einer der vorausgehenden Phasen vollzogen wurde. In der fünften Phase geht es nun darum, diese grundsätzliche Entscheidung über den weiteren Weg ausdrücklich zu machen und mit flankierenden Maßnahmen abzusichern. Dabei können bestimmte Rituale sehr hilfreich sein.

Hat sich im Laufe der Gespräche die Beziehung zwischen den (Ehe)Partnern so weit neu belebt, daß sie eine neue Entscheidung füreinander treffen, stellen sich in der fünften Phase folgende Aufgaben: Erstens soll das Paar nochmals nachprüfen, ob die Verletzungen, die vor allem der »Treue« in der Zeit der Dreiecksbeziehung erlitten hat, wirklich schon ausgeräumt sind. Häufig ist das noch nicht der Fall, so daß es nötig wird, sich nochmals eingehend damit zu befassen. Zweitens kann in dieser Phase noch anstehen, die frühere Beziehung zum/zur Geliebten würdig zu beenden. Drittens wird ein neuer »Ehevertrag« geschlossen, damit der Neuanfang kein Start in alte Bahnen wird. Der Ehevertrag enthält ausdrückliche Vereinbarungen über die Neuregelung verschiedener Dinge des alltäglichen Zusammenlebens. Viertens kann es eine große Hilfe sein, einander nun ausdrücklich und ritualisiert ein neues Eheversprechen zu geben. Auf alle vier Punkte gehe ich im folgenden (6.3) noch etwas ausführlicher ein.

Wenn die Auseinandersetzung aber auf eine Trennung der Partner hinausläuft, wie das in unseren Beispielen bei Dorothea und Alf der Fall war, stehen für das Paar ebenfalls eine Reihe von Neuregelungen an, vor allem dann, wenn Kinder da sind. Wenn beide, vor allem auch der/die »Verlassene« die innere Kraft dazu aufbringen, einvernehmliche Lösungen anzustreben, dann gehen die Paargespräche hier in eine Trennungs- und Scheidungsberatung nach Art einer Mediation über, auf die ich in unserem Zusammenhang wegen der spezifischen Eigengesetzlichkeit, die hier zum Tragen kommt, nicht näher eingehen will[32]. Um die schwierige Trennung zu bewältigen, kann es außerdem für das Paar sehr hilfreich und versöhnlich sein, diesen Prozeß mit einem eigenen Trennungsritual zu beenden, in dem beide sich aus ihrer Paarbeziehung verabschieden. Auf diesen Schritt werde ich ebenfalls im folgenden Abschnitt eingehen.

3. Rituale von Abschied, Wiedergutmachung und Neubeginn

Für kritische Lebensereignisse, wenn sie vorhersehbar sind, stehen häufig Rituale zur Verfügung. Sehr oft stammen sie aus den religiösen Traditionen, wie bei Hochzeit und Taufe. Es gibt sie aber auch in rein »weltlicher« Form, wie die zum Beispiel in Firmen üblichen Jubiläumsfeiern oder Verabschiedungen in den Ruhestand zeigen. Herausragende Wendepunkte des Lebens brauchen offenbar solche Rituale. Rituale heben die Bedeutung dieser Ereignisse heraus und stellen sie in größere Sinnzusammenhänge. Sie stellen Symbole und Formulierungen zur Verfügung, die uns ermöglichen, in Wort und Geste zum Ausdruck zu bringen, was wir spontan schwer sagen und ausdrücken können. Damit sind sie wichtige Ressourcen für die Bewältigung kritischer Lebensereignisse.

Die von unserer Kultur und Tradition bereitgestellten Rituale enthalten freilich auch deren Weltbild und deren Ideologie. Für unseren Zusammenhang bedeutet das: Die liebende Vereinigung und das treue Zusammenbleiben von Menschen werden rituell gefeiert, für das Auseinandergehen jedoch, für Trennung und Distanzierung, wenn diese auf freier Entscheidung beruhen und nicht durch das Schicksal erzwungen werden, wie im Todesfall, existieren keine Rituale. Auch der Neuanfang nach einer schweren Krise wird rituell nicht gewürdigt, weil eine solche Krise bereits dem tabuisierten Bereich angehört[33]. Daran erkennen wir deutlich, daß Menschen, die in Beziehungsdingen in Schwierigkeiten und Unregelmäßigkeiten hineingeraten, (auch) im Hinblick auf Rituale von unserer Gesellschaft und unseren Kirchen alleingelassen werden. Darum hat sich wohl im therapeutischen Bereich in den letzten Jahren eine Tradition entwickelt, Menschen auch in solchen Situationen Rituale zur Verfügung zu stellen[34]. Meine eigene Erfahrung zeigt, daß sie ein wichtiges Element der Krisenbewältigung darstellen können.

Ein Trennungsritual

Wenn die Auseinandersetzung mit der Außenbeziehung dazu geführt hat, daß eine Trennung der Partner unausweichlich geworden ist, biete ich diesen ein Trennungsritual an. Dieses Ritual hat dem schwierigen Schritt in allen Fällen, in denen ich es bisher durchgeführt habe, etwas sehr Bewegendes und Versöhnliches gegeben. Freilich ist es in dieser konflikthaften Situation nicht leicht, den richtigen Zeitpunkt dafür zu finden. In der Regel ist es noch zu früh, wenn einer von beiden gerade die Entscheidung zur Trennung gefällt hat. Die emotionalen Wogen gehen zu hoch, Wut, Verletzung und Enttäuschung sind noch zu stark, vor allem auf seiten des nun endgültig »Verlassenen«. Meist braucht es zuvor den mühseligen Prozeß der Regelung der äußeren Angelegenheiten – Finanzen, elterliche Sorge, Umgangsrecht und so weiter – und eine gewisse Beruhigung in den äußeren Lebens-Situationen beider, bis die Zeit dafür gekommen ist. Vor allem aber braucht es ein gewisses Einverständnis dessen, der sich ursprünglich nicht trennen wollte. Er muß die Entscheidung des anderen nach-vollziehen und sein eigenes Ja zur Trennung geben. Denn nur wenn sie von beiden gewollt ist, kann ein Trennungs-Ritual hilfreich sein.

Bei Alf und Dorothea dauerte es ziemlich lange, bis beide so weit waren. Obwohl Alf seine Anklage-Haltung gegenüber Dorothea noch keineswegs abgelegt hatte, gelang es beiden, sich bezüglich des Umgangs mit den Kindern relativ schnell und konfliktfrei zu einigen. Die Kinder blieben beim Vater wohnen und hatten regelmäßigen Kontakt zur in der Nähe wohnenden Mutter. Insgesamt gelang es Alf – entgegen seinen ausdrücklichen Behauptungen – erstaunlich schnell, sich mit der neuen Situation zu arrangieren, und seine aufblühende berufliche Aktivität zeigte, daß die Trennung auch für ihn eine Befreiung war, obwohl er dies nie zugegeben hätte. Für Dorothea war es viel komplizierter, ihre Situation befriedigend zu regeln. Aber es gelang auch ihr nach einiger Zeit immer besser. Ihre Begabung ließ in ihr und in ihrer Umgebung sehr bald keine Zweifel mehr aufkommen, daß die Grafikerinnen-Laufbahn bei aller Mühe, welche die neue Ausbil-

dung für sie bedeutete, der richtige Weg war. Auf ihren Wunsch
hin war Alf nach langem Zögern bereit, sich dieses Trennungsritual »mal anzusehen«. Ich gab jedem von beiden folgenden Text
mit nach Hause:

»...... (Anrede),
ich nehme von dir, was du mir gegeben hast. Ich werde es in Ehren
halten. Es war eine ganze Menge, und ich danke dir dafür.

Für das, was schief gegangen ist, übernehme ich meinen Teil der
Verantwortung, und ich überlasse dir an deinem Teil deine Verantwortung.

Ich achte und würdige dich als Vater/Mutter unserer gemeinsamen Kinder, und ich werde, soweit es an mir liegt, weiter mit dir zu
ihrem Wohl zusammenarbeiten.

Als Partnerin/Partner nehme ich Abschied von dir. Leb wohl!
Geh du deinen Weg, so wie ich jetzt meinen Weg gehen werde.«[35]

Ich bat sie, diesen Text zu überdenken. Falls sie Abänderungen
wünschten, sollten diese vor dem eigentlichen Ritual miteinander
festgelegt werden. Es trat eine längere Pause ein. Der Gedanke,
ein solches Ritual zu vollziehen, setzte bei beiden nochmals einen
intensiven Prozeß der Auseinandersetzung mit der Trennung in
Gang, vor allem bei Alf, der, wie er später erzählte, nochmals
durch alle Tiefen des Trauerprozesses hindurch mußte, durch
Verleugnung, Wut, Anklage, bis er schließlich zu einer gewissen
Akzeptanz gelangte, weil er sich mehr und mehr eingestand, daß
es auch aus seiner Sicht keine realistische Alternative zur Trennung gab. Einen wirklichen Neuanfang mit seiner Frau konnte
auch er sich immer weniger vorstellen. Auch gab es in äußeren
Dingen, wie zum Beispiel der Ferienregelung für die Kinder, noch
einige Vereinbarungen zu treffen, die sie bisher nicht beachtet
hatten, die ihnen nun als regelungsbedürftig auffielen. Nach etwa
drei Monaten rief Dorothea an, beide wären nun bereit, das Ritual
zu vollziehen. Sie kamen zum vereinbarten Termin, und Dorothea
brachte zwei graphisch gestaltete Doppelblätter mit, auf denen in
feierlicher Schrift jeweils der unveränderte Text, den ich vorgeschlagen hatte, geschrieben stand. Auf ihren Wunsch hin entzün-
dete ich eine Kerze, und nachdem die beiden kurz berichtet hatten, wie es ihnen in der Zwischenzeit ergangen war, bat ich sie,

162

sich gegenüber zu setzen und sich, einer nach dem anderen, den Text gegenseitig vorzulesen. Das taten sie, setzten dann Datum und Unterschriften darunter und baten mich schließlich, auch zu unterschreiben – gleichsam als Zeuge des Geschehens. Das Aussprechen des Textes löste bei beiden sehr viel Trauer aus, eine Trauer ohne Anklage. Die Tränen hatten etwas Lösendes und Versöhnendes. So nahmen die beiden einen würdigen Abschied von ihren gemeinsamen Jahren. Das Verbindende war nicht zerstört, und die Trennung trotzdem unzweifelhaft klar.

Ich habe mit dem vorgeschlagenen Text bisher nur gute Erfahrungen gemacht. Er ist in seinen Formulierungen so gehalten, daß die Partner darauf verzichten, nochmals Ärger und Wut aufeinander loszuwerden. In der Regel ist dies bereits zur Genüge geschehen, und weiterer Ärger setzt nur die alten destruktiven Kommunikationsmuster von neuem in Gang. Der Text betont dagegen das Nehmen und das Danken, und zwar aus folgendem Grund: Wenn Paare sich nicht trennen können, obwohl keine Fortsetzung der Beziehung mehr möglich scheint, liegt es oft daran, daß sie das Gute, das zwischen ihnen war, nicht anerkennen und voneinander nehmen können. Dieses Nicht-Nehmen ist häufig die unerledigte Angelegenheit zwischen ihnen, die sie voneinander nicht loskommen läßt. Bei aller Versöhnlichkeit definiert der Text aber auch die Trennung unmißverständlich und klar. Diese Kombination von Versöhnlichkeit und Eindeutigkeit empfinden viele Trennungspaare als wohltuendes Gegengewicht in dem Hin und Her, den Vorwürfen und Selbstzweifeln, von denen diese Situation oft belastet ist.

Wie schon erwähnt schlage ich dieses Ritual erst dann vor, wenn beide sich mit der Trennung einverstanden erklären können. Manchmal gebe ich aber auch Paaren den Text, welche die Trennung zwar als einzige Lösung sehen, aber den Mut dazu nicht haben und die Entscheidung vor sich herschieben. Die Auseinandersetzung damit gibt den nötigen Anstoß, sich doch zum Handeln zu entschließen.

Was den Inhalt des Textes angeht, so berücksichtige ich zwar Vorschläge, stelle aber die Formulierung dem Paar nicht frei. Dies wäre ein zu schwieriges Ansinnen, und die Gefahr, daß der Trennungsprozeß einen destruktiven Verlauf nimmt, wäre zu groß. In der Trennungssituation brauchen die Partner eine Vorgabe, die sie innerlich in eine konstruktive Richtung bringt, weil sie diese alleine nicht so leicht finden würden. Für mich selbst überraschend war, daß keines der Paare, mit denen ich bisher das Ritual vollzogen habe, Änderungen wünschte. Vielmehr nahmen sie den Text erleichtert an, weil sie offenbar fühlten, daß sie sich damit auf solidem Boden befanden.

Ganz ähnlich wie zwischen den Ehepartnern, die sich im Zusammenhang mit einer Dreiecksbeziehung voneinander trennen, kann ein Trennungsritual in entsprechend abgewandelter Form natürlich auch angemessen sein, wenn der/die »Untreue« und seine Geliebte/ihr Geliebter den Entschluß fassen, voneinander zu gehen. Nach der gesellschaftlichen Einschätzung von Außenbeziehungen liegt dieser Gedanke noch ferner als bei einem sich trennenden Ehepaar. Aber gemessen am menschlichen Wert und an der Bedeutung, die solche Liebesbeziehungen oft für die Beteiligten haben, braucht es dafür einen ebenso würdigen Abschluß.

Ein Wiedergutmachungs-Ritual

Wie bereits in Kapitel 1.5 besprochen spielt das Thema Schuld auch jenseits moralisierender Bewertung und Beurteilung in Dreiecksbeziehungen immer eine wichtige Rolle. Der »Untreue« fügt dem »Treuen« eine tiefe Verletzung zu. Er wird somit an ihm schuldig. Etwas derartiges auszusprechen, klingt heutzutage unangenehm. Aber es entspricht der Erfahrung, und es ist auch dann so, wenn der »Untreue« gar nicht verletzen wollte, und wenn er aus einer existentiellen Notwendigkeit heraus die Treue gebrochen hat. Tatsächlich gibt es oft keinen anderen Ausweg aus dem Dilemma zwischen der »Treue zu mir selbst« und der »Treue zum anderen«. Dorothea in ihren Beziehungen zum Ehemann Alf und zum Geliebten Michael ist dafür ein gutes Beispiel. Um ihrer psychischen und physischen Gesundheit willen mußte sie aus dieser Beziehung heraus, und gleichzeitig war ihr immer schmerzlich bewußt, wie sehr sie Alf damit verletzte. Wir entkommen in unserem Leben solchen Dilemmata nicht. Ohne so oder ähnlich schuldig zu werden, können wir uns nicht entwickeln. Unschuldig bleiben zu wollen, ist der Versuch, an einem irrealen Kindheitsparadies festzuhalten. Andererseits aber kann das nicht als Ausrede dienen, die eigene Verantwortung abzuschieben, etwa mit der Begründung: »Ich konnte doch nicht anders!« Trotz aller inneren und äußeren Gründe ist der »Untreue« für sein Handeln verantwortlich. Darum gibt es in der Regel für ihn am »Treuen« etwas wiedergutzumachen, so viele Gründe für die Untreue und die Mitbeteiligung des »Treuen« an der Dreiecksbeziehung auch deutlich geworden sind.

Dies wurde mir am Beispiel von Maria und Theo besonders klar. Maria hatte sich mit einer bewundernswerten Ehrlichkeit ihren Anteilen an der »Untreue« Theos gestellt. Sie konnte sehen, in welchem Ausmaß sie Theo aus ihrem »Matriarchat« ausgeschlossen und sich ihm als Partnerin verweigert hatte. Theo seinerseits hatte sich schon einige Zeit vor Abschluß der Therapie von Lilo getrennt, war in einer neuen Weise auf Maria zugegangen und zeigte eine überzeugende Bereitschaft zu einem neuen Anfang mit veränderten Weichenstellungen. Dennoch blieb – ganz gegen ihre eigene Absicht und ihr eigenes Bemühen – bei Maria ein Vorbehalt spürbar. Ich sprach das an, und weil ich nicht locker ließ, wurde allmählich deutlich: Tief in ihrer Seele bewahrte Maria immer noch eine tiefe Verletzung. Sie konnte am Tun Theos so gut wie alles einsehen und verstehen. Aber daß er sich mit Lilo ausgerechnet zu dem Zeitpunkt eingelassen hatte, an dem sie selbst auf Grund ihrer Lebensumstände immer mehr in eine existentielle Krise geraten war und Unterstützung besonders dringend gebraucht hätte, das war für sie immer noch schwer zu verkraften. Auch daß er sie längere Zeit angeschwindelt und mehrmals auch ausdrücklich angelogen hatte, und – als es nicht mehr zu verheimlichen war – so schnell und ohne Würdigung der gemeinsamen Jahre von Trennung gesprochen hatte, das nagte noch in ihrem Herzen und stand nach wie vor als Barriere zwischen ihnen.

Auch wenn der »Treue« anerkennen kann, daß die »Untreue« des anderen eine durchaus positive Entwicklung in Gang gesetzt hat, sind dennoch Verletzungen übriggeblieben, die verborgen weiterwirken. Der »Treue« behält ein inneres Aber gegen den

»Untreuen«. Eine Distanz des Mißtrauens bleibt zwischen beiden bestehen, und damit ein Gefälle vom »Unschuldigen« zum »Schuldigen« hin, ein geheimes Ungleichgewicht zwischen beiden. Von manchen »Treuen« wird dieses Gefälle sogar sorgsam gehütet. Sie halten an der geheimen Überlegenheit dem reuigen Sünder gegenüber fest. Und wenn er sich wieder einmal etwas – womöglich viel Geringeres – zu Schulden kommen läßt, wird seine Untat aus der Vergangenheit hervorgeholt und ihm frisch wie am ersten Tag präsentiert. Dieser fällt dann aus allen Wolken, weil er die Sache schon lange erledigt wähnte. Aber das Gegenteil ist der Fall: Es scheint, als wären die beiden keinen Schritt weiter, als sie zu Beginn der Therapie waren, denn der Konflikt von damals kocht in gleicher Stärke wieder hoch.

Selbst dann, wenn der »Treue« dem »Untreuen« wirklich vergeben will und fest davon überzeugt ist, es getan zu haben, entstehen solche Situationen. Sie sind ein Zeichen für ein nach wie vor bestehendes Schuld-Gefälle, das eine befriedigende Beziehung unterminiert. Es ist ein Rest geblieben, der durch Verstehen und Einsehen allein nicht auflösbar ist. Ein ausdrücklich vollzogenes Wiedergutmachungsritual kann hier Abhilfe schaffen. Als deutlich wurde, welche Verletzungen Maria nach wie vor bedrängten, war Theo zunächst sehr bedrückt, weil er den Eindruck hatte, alles Bemühen in den vergangenen Monaten sei umsonst gewesen. Ich bat ihn um Geduld und forderte Maria auf, sich diese Verletzungen nochmals ganz deutlich zu machen, sie zu formulieren und schriftlich festzuhalten. Theo konnte ich nahebringen, daß nicht seine vorhandene oder fehlende *Absicht*, zu verletzen entscheidend war, sondern die *Wirkung*, die sein Tun auf die Partnerin hatte. So vorbereitet bat ich Maria dann, in etwa drei oder vier Punkten zusammenzufassen, was sie noch schmerzte, und es Theo in der Stunde zu sagen. Dieser hatte dabei nur zuzuhören, während es meine Aufgabe war, Maria zu helfen, bei sich und ihren Verletzungs-Gefühlen zu bleiben und nicht in Anschuldigungen abzugleiten. Theo konnte ohne »Wenn und Aber« anerkennen, was Maria äußerte. Für diesen Fall hatten wir vereinbart, daß Theo mit folgenden Sätzen antwortete:

»Maria, ich habe gehört, womit ich dich verletzt habe.

Ich anerkenne, daß ich dich damit verletzt habe, auch da, wo ich es nicht absichtlich wollte.

Es tut mir leid, daß ich dich damit verletzt habe. Bitte, verzeih mir!«

Nach einer angemessenen Pause erfolgte dann die ebenfalls vorformulierte Antwort Marias:

»Theo, ich höre und sehe, daß du meine Verletzungen anerkennst, und daß sie dir leid tun. Ich nehme deine Bitte an, ich verzeihe dir, und ich bin bereit, meine Verletzungen loszulassen.

Darum sichere ich dir zu, daß ich sie in Zukunft in Auseinandersetzungen nicht mehr nennen werde.

Befreit von dieser Last möchte ich mit dir zusammen in eine neue Zukunft gehen.«

Versöhnung und Wiedergutmachung zwischen Partnern scheitern oft daran, daß der »Täter« dem Bedürfnis des anderen, die Verletzungen von ihm anerkannt zu sehen, nicht entgegenkommt, weil er meint, sich rechtfertigen zu müssen. Darum betont der Text des »Täters« so bedingungslos diese Anerkennung. Außerdem ist darin die ausdrückliche Bitte um Verzeihung formuliert. In der heutigen Zeit ist das unpopulär, wohl auch deshalb, weil viele Erwachsene als Kinder mit Entschuldigungsritualen gequält und entwertet wurden, so daß es ihnen auch dann die Sprache verschlägt, wenn sie den dringenden Wunsch nach Vergebung haben. Die vorformulierten Sätze werden als Hilfe empfunden, diese Sprachlosigkeit zu überwinden. Die wohltuende Wirkung zeigt, daß die Fähigkeit, um Vergebung zu bitten, unabdingbar zum Krisenbewältigungspotential einer intimen Beziehung gehört.

Der Text dessen, der vergeben soll, betont seinerseits das *Annehmen* der Bitte um Verzeihung. Dahinter steht die Erfahrung, daß festgehaltene Verletzungen vom »Unschuldigen« nicht selten als Waffen aufbewahrt werden, um ihm in späteren Auseinandersetzungen die Überlegenheit über den »Schuldigen« zu sichern. Darum wird die Zusage, die Verletzungen ein für allemal loszulassen, von vielen als ein echter Verzicht erlebt, der aber zugleich für beide eine befreiende Wirkung hat.

Wo immer es angemessen ist, verwende ich dieses Ritual nicht nur ein-, sondern wechselseitig: Beide sammeln die Verletzungen aus der Vergangenheit, wählen die wichtigsten aus und sagen sich diese in der beschriebenen Form. Dies ist aber kein unumstößliches Prinzip. Manchmal ist es – wie bei Theo und Maria – gerade nötig, das Ritual einseitig zu vollziehen, um die Balance zwischen dem Paar wiederherzustellen.[36]

Die Erleichterung war bei beiden nach diesem Ritual groß. Es half, auf eine Ebene vorzudringen, die dem bloßen »guten Willen« oft verschlossen bleibt, und es schuf zwischen den beiden eine Wirklichkeit, die mächtiger war als das Gefühl der Verletztheit. Allerdings war bei Maria und Theo noch etwas Weiteres nötig, um diese Wirklichkeit tatsächlich zu etablieren: Ich wies die beiden darauf hin, daß es manchmal außer den Worten noch ein wiedergutmachendes Handeln braucht, eine symbolische Geste als Gegengewicht gegen das verletzende Handeln. Das wurde von beiden sehr erleichtert aufgenommen. Es schaffte eine noch konkretere Möglichkeit, der Macht der Verletzung handgreiflich zu Leibe zu rücken. Als ein Zeichen, daß es ihm mit seinem Willen zur Wiedergutmachung ernst war, wünschte sich Maria von Theo, zu einer großen Bildungs- und Kulturreise eingeladen zu werden, die sie sich immer schon gewünscht, deren Realisierung sie aber immer wieder aus familiären Gründen aufgeschoben hatte. Theo war bereit, dafür einen eigenen Urlaub zu opfern, den er mit einem Freund geplant hatte, das gesparte Geld nun hier zu investieren und sich bei der Gestaltung ganz den Vorstellungen seiner Frau anzupassen.

Der nicht Betroffene mag seine Schwierigkeiten mit diesem Vorgehen haben. Es ist schwer einzusehen, was eine solche Wiedergutmachungstat »objektiv« hinsichtlich der Verletzungen bewirken soll. Es kann sogar sein, daß Marias Wunsch, von Theo die Reise geschenkt zu bekommen, als kleinliches Aufrechnen erlebt wird. Wenn man aber an einem solchen Prozeß persönlich beteiligt ist, erlebt man es anders. Natürlich hat die Reise oder ein vergleichbares Tun »nur« symbolischen Wert, und natürlich tilgt sie die seelischen Schulden des »Untreuen« nicht automatisch. Aber das äußere Tun im Geben und Annehmen macht den bloßen guten Willen beider real und »wirklich«. Wo immer Paare

derartige Möglichkeiten des Umgangs miteinander für sich anerkennen, erleben sie sie als äußerst hilfreich, gerade in einer so
heiklen Situation, wo es darum geht, Verletzungen wieder auszu-
räumen.

Was ich als Beispiel für Theo und Maria gebracht habe, kann in
Dreieckskonflikten auch in anderen Zusammenhängen aktuell
werden. Auch für ein Paar, das sich deshalb voneinander trennt,
kann ein Wiedergutmachungsritual – meist freilich erst zu einem
späteren Zeitpunkt – dazu beitragen, Haß und Mißgunst gegeneinander abzubauen, was allen Beteiligten zugute kommt, auch
wenn das Paar als Paar nicht mehr zusammenfindet. Auch was die
Beziehung des/der »Untreuen« zur/zum Geliebten angeht, kann
im Zusammenhang mit dem Beenden der Außenbeziehung ein
Wiedergutmachungsritual angezeigt sein, denn meist bleibt es
nicht aus, daß die/der zwischen den Fronten lavierende »Untreue« auch dem Freund/der Freundin schlimme Verletzungen
zufügt.

Ein neues Eheversprechen

Sind auf diese oder ähnliche Weise die Verletzungen zwischen den
Partnern ausgeräumt, kann schließlich auch der Neuanfang der
Beziehung durch Rituale unterstützt werden. Der erste Schritt
kann darin bestehen, daß das Paar einen neuen Ehevertrag aus-
handelt. Dabei denke ich nicht in erster Linie an wirtschaftliche
Regelungen, obwohl solche im Zusammenhang mit einem neuen
Verständnis der Beziehung auch eine wichtige Rolle spielen können, wie beispielsweise die Einführung der Gütertrennung oder
umgekehrt der Gütergemeinschaft. In erster Linie denke ich aber
hier an eine Neuregelung des täglichen Zusammenlebens, um das
neue Selbstverständnis des Paares, das in der Therapie gewonnen
wurde, nun in die konkrete Realität des Alltags umzusetzen.

Der neue Ehevertrag kann mit einer Präambel beginnen, in der
das Paar nochmals für sich formuliert, wie es nun seine Beziehung
verstehen will. So wird die neu gewonnene Balance des Paares
zum Beispiel hinsichtlich Freiheit und Bindung, Sicherheit und
Erregung, Dominanz und Unterordnung (Kap. 2) nochmals re-

flektiert und formuliert. Nach dieser Präambel soll das Paar in den verschiedenen Lebensbereichen die Neuregelungen, zu denen es im Laufe der Therapie gekommen ist, festhalten. Als Orientierung gebe ich manchmal einen Raster an, der die Bereiche Haushalt, Kinder, Freunde, Finanzen, Freizeit, Sexualität/Intimität und Beruf enthält. Theo und Maria vereinbarten hier unter anderem, daß nun, nach dem Weggang der Kinder und dem Wiedereinstieg Marias in den Beruf, Theo erheblich größere Bereiche im Haushalt in Eigenregie übernehmen sollte. Die getrennten Zimmer und getrennten Betten wollten sie auch nach dem Wiedereinzug von Theo in das Haus beibehalten, um die alten Gepflogenheiten und Gewohnheiten zu durchkreuzen und gerade im Bereich der Intimität ein höheres Maß an Aufmerksamkeit zu fördern. Beruflich legten sie die Perspektive fest, daß Maria ihre Tätigkeit in der Erwachsenenbildung ausweiten wollte, während Theo so bald wie möglich anstrebte, sein berufliches Engagement zu reduzieren, um mehr Zeit und Muße für eine von ihm als notwendig gefühlte, aber in ihrer Richtung noch nicht deutlich erkennbare Neuorientierung zu finden. Für ihre Freizeit legten sie fest, über das Hilfsmittel eines Theaterabonnements Fixpunkte für gemeinsame lustvolle Zeiten sicherzustellen.

In dieser Weise geht das Paar noch einmal die wichtigsten Lebensbereiche miteinander durch. Am Ende kann dann die Vereinbarung von beiden unterschrieben werden. Auch hier stehen für mich die symbolische Bedeutung des Vorgangs und der Akzent, der damit für einen neuen Anfang gesetzt wird, im Vordergrund. Bei pedantisch eingestellten Menschen, die solche Vereinbarungen wahrscheinlich gebrauchen werden, um sich gegenseitig formalistisch festzunageln und einander Fehler nachzuweisen, schlage ich darum lieber eine weniger festlegende Vorgehensweise vor.

Auf jeden Fall aber erscheint es angemessen, den neuen Abschnitt der Beziehung mit einem neuen Eheversprechen zu beginnen. Damit wird noch einmal ernstgenommen, daß es ein *gemeinsamer* Anfang ist, und nicht eine einseitige Rückkehr des »Untreuen«. Es wird deutlich, daß die Ehebeziehung von Grund auf in Frage gestellt war, und darum eine Wiederverheiratung angemessen ist. Diesem Neuanfang gebührt ein entsprechendes Ritual, das je nach Eigenart und Geschmack mit unterschiedlicher Festlichkeit und unterschiedlicher Öffentlichkeit begangen werden kann. In der Regel überlasse ich es dem Paar, im einzelnen die Worte und die Zeichen zu finden, die es zu diesem Anlaß für angemessen hält. Mir gefallen in diesem Zusammenhang Formulierungen von Bert Hellinger gut, und ich schlage Paaren, für die es paßt, manchmal vor, diese in ihr neues Eheversprechen aufzunehmen: »Ich nehme dich zur Frau und gebe mich dir als Mann« und »Ich nehme dich zum Mann und gebe mich dir als Frau«[37]. Auf eine elementare und zugleich einfache Weise wird hier die neu belebte erotische Ebene angesprochen und damit der Unterschied zu jeder Art von Tochter-Vater- und Mutter-Sohn-Beziehung betont, die gerade in Dreiecksbeziehungen oft eine so zentrale Rolle spielt (vgl. Kap. 4). Theo und Maria wählten für die Erneuerung ihres Eheversprechens die Zweisamkeit, und sie suchten dafür auf ihrer Reise einen Ort auf, der schon in ihrer früheren Geschichte eine wichtige und positive Rolle gespielt hatte, weil sie dort ihren ersten gemeinsamen Urlaub verbracht hatten. Diese glückliche Zeit erschien ihnen ein angemessener Anknüpfungspunkt für die neue Phase, die jetzt beginnen sollte.

SIEBTES KAPITEL

LEIDENSCHAFT, TREUE UND SELBSTVERWIRKLICHUNG

1. Ein letzter Blick auf die drei Paare

Wie erging es den Paaren, deren Dreiecksgeschichte wir hier bei-
spielhaft aufgerollt haben, nun weiterhin? Äußerlich gesehen
kehrten *Theo und Maria* wieder zu ihrem gutbürgerlichen Leben
zurück. Dennoch hat sich bei ihnen sehr viel verändert. Maria fe-
stigt ihre neue berufliche Identität als Mitarbeiterin einer Erwachsenenbildungs-Institution, und Theo begleitet diese Tätigkeit mit
großem Interesse. Aus seiner Erfahrung als Führungskraft kann
er viele wertvolle Tips hinsichtlich Planung und Organisation bei-
steuern, so daß Maria manchmal scherzhaft zu ihm sagt: »Wenn
du in Rente gehst, mache ich mich selbständig, und du wirst mein
Manager!« Diese Idee bewerten zwar beide als Luftschloß, das sie
aber immer wieder gerne aufsuchen und es mit bunten Bildern
schmücken, denn das belebt sie und ist Ausdruck ihres neu gewon-
nenen Interesses aneinander und an einer gemeinsamen Zukunft.
Die Pläne Theos, seine Stelle zu reduzieren, ließen sich vorerst
nicht realisieren, und aus finanziellen Gründen will er nicht ganz
aus seinem bisherigen Beruf aussteigen. Dennoch ist es ihm möglich, den früher empfundenen Streß erheblich zu reduzieren. Bei
ihm zeigt sich deutlich, was auch einschlägige Untersuchungen immer wieder bestätigen: Ob und in welchem Ausmaß Situationen
oder Ereignisse Streß hervorrufen, hängt zu einem Großteil von
der Einstellung des Betroffenen ab. Für Theo bedeutet Erfolg,
Ansehen, Prestige nicht mehr so viel. Er hat sich neue Prioritäten
gesetzt. Die Beziehung zu Maria ist ihm wichtiger, und deshalb
versucht er Zeit und Gelegenheit zu schaffen, mehr mit ihr zusammen zu sein – ein Vorhaben, das gar nicht so leicht zu verwirklichen ist – denn jetzt ist sie diejenige, die häufig auswärts Termine
hat! Das trägt dazu bei, daß er nun immer häufiger nach ihr sucht,

und nicht mehr nur sie nach ihm, was ihr Selbstbewußtsein als Frau erheblich stärkt. Außerdem hat er ein ganz neues Interesse an Lebensfragen gewonnen, und in diesem Zusammenhang an Literatur und Musik. Zweifellos geht dies auf das Konto von Lilo, und das erfüllt ihn nach wie vor mit einem Gefühl großer Dankbarkeit ihr gegenüber. Er begegnet ihr übrigens weiterhin im Betrieb, was Maria immer noch beunruhigt, was aber weder Theo noch Lilo aus dem Häuschen geraten läßt. Zwischen ihnen ist ein guter Abstand entstanden und ein Gefühl tiefer Verbundenheit geblieben, einer Verbundenheit zwischen zwei Menschen, die Wichtiges miteinander erlebt haben. Die Neubelebung der Sexualität zwischen Theo und Maria ist von Dauer, und gleichzeitig ist dieses Thema für beide nicht mehr sehr wichtig, weil es nicht mehr als »offene Gestalt« ständig in den Vordergrund des Bewußtseins drängt, um geschlossen zu werden.

Maria versteht aus ihrer heutigen Sicht die Dreieckskrise als einen wesentlichen Anstoß, um für sich am Ende der Familien-Phase für die Nach-Familien-Phase eine neue Lebensperspektive zu entwickeln und sich auf eigene Füße zu stellen. Theo bewertet in der Rückschau die Phase vor seiner Liebe zu Lilo als eine Sackgasse ohne Ausweg. Während sich für Maria ein Weg »nach außen« öffnete, lag sein Ausweg mehr in der Bewegung »nach innen«. So haben beide ein gutes Stück Autonomie für sich dazugewonnen, was ihnen eine reichere und erfülltere Begegnung miteinander ermöglicht. Das Verhältnis von Geben und Nehmen ist ausgeglichener, denn die fürsorglichen Aufgaben teilen sie sich nun, und im geistigen Bereich haben sie – durch die Berufstätigkeit Marias und die neu erwachten Interessen Theos – einander erheblich mehr zu bieten als früher. Eine gute Macht-Balance zu finden, fällt ihnen noch am schwersten. Heute geraten sie eher öfter aneinander als früher, allerdings offen und ohne in die alten Kerben zu schlagen. Theo werden die Außenaktivitäten Marias manchmal zuviel, und Maria fühlt sich immer wieder von ihm gegängelt und korrigiert, auch da, wo »er überhaupt nichts von der Sache versteht«. Sie haben aber gelernt, in Auseinandersetzungen die Vergangenheit ruhen zu lassen, darum weiten sich diese nicht zu Grundsatzfragen über den Bestand ihrer Ehe aus.

Zwischen *Alf und Dorothea* hat nach dem Vollzug des Trennungs-rituals die offene Feindseligkeit Alfs aufgehört. Wenn die Rede darauf kommt, neigt er zwar immer noch dazu, ihr die alleinige Schuld am Scheitern der Ehe zu geben, aber im Alltag, der ihnen wegen der Kinder immer noch zahlreiche Berührungspunkte bie-tet, kommen sie ganz gut zurecht. Die Kinder haben sich mit der Situation arrangiert und pendeln ziemlich problemlos zwischen dem Haus des Vaters und der nahe gelegenen Wohnung der Mut-ter hin und her. Alf ist relativ bald nach der Trennung eine neue Beziehung eingegangen. Als Therapeut hätte ich es lieber gese-hen, wenn er sich statt dessen mehr um seinen Anteil an der Drei-eckskrise gekümmert hätte. Es scheint auch nicht die große Liebe für ihn zu sein. Aber es gibt immerhin Anzeichen, daß die Basis für diese Beziehung – auch ohne Einsicht und Therapie – tragfähi-ger geworden ist. Die Freundin, die ebenfalls Kinder hat, steht ihm altersmäßig näher und scheint weniger stark als damals Doro-thea seine Idealprojektionen auf sich zu ziehen. Seine Hoffnungen und Wünsche scheinen realistischer geworden zu sein. Dorothea hat durch ihre Ausbildung als Grafikerin auf eine ganz neue Weise zu sich gefunden. Sie hat sich sehr stark verändert, ist selbstbe-wußter und in ihrem ganzen Wesen ausdrucksstärker geworden. Mit Michael verbindet sie nach wie vor eine kollegiale Freund-schaft, auf eine feste Partnerschaft allerdings kann und will sie sich nicht einlassen. Dafür erlebt sie bei sich selber alles noch zu stark im Umbruch, und sie hat noch zu viele Bedenken, in einer engen Bindung sich selbst wieder aus den Augen zu verlieren.

Ria wahrt *Thomas* gegenüber nach wie vor das Geheimnis der zweiten Phase ihrer Beziehung zu Armin. Die sexuellen Erfahrun-gen mit diesem haben ihr weibliches Selbstbewußtsein nachhaltig gestärkt. Sie hat es verstanden, das, was sie hier bekommen hat, in sich aufzunehmen und dabei den klaren Kopf zu bewahren, der ihr sagte, daß ein Zusammenleben mit diesem Mann zum Scheitern verurteilt sein müßte. So hat sie sich mit einer eindeutigen Ent-scheidung von ihrem Geliebten verabschiedet und kann ohne un-gute Gefühle auf diese Zeit zurückschauen. Thomas hat aufge-hört, zu Hause die bessere Mutter zu spielen und dafür von Ria belohnt werden zu wollen. Sein neuer Beruf als Sozialberater in einem Industriebetrieb bringt ihm mehr Geld ein, und davon leisten sie sich zu Hause stundenweise Aushilfskräfte. Dadurch gerät zwar der früher so ruhige Ablauf immer wieder einmal arg durcheinander, man ist gezwungen zu improvisieren, und einiges geht auch schief, aber das trägt nur dazu bei, daß sich nicht wieder jene lähmende Sicherheit ohne Erregung, jene »primäre Vertrautheit« wie zwischen Mutter und Kind einstellt, in der früher beider Profil als Mann und Frau zu verschwimmen drohte.

Um dem Abenteuer in ihrem Leben Raum zu geben, haben sie die Lösung gefunden, im Betrieb von Thomas miteinander Seminare für Führungskräfte zur Gesundheitsvorsorge anzubieten. Hier sind sie neben ihrem Fachwissen im pädagogisch-didaktischen Bereich gefordert, wo sie beide Anfänger sind und in Neuland vorstoßen. Die Kreativität, die sie bei der Vorbereitung und Durchführung dieser Seminare aneinander entdecken, erzeugt eine ganz neue Wertschätzung zwischen ihnen. Daß Thomas sich früher so intensiv um das Kind gekümmert hat, stellt sich jetzt als zusätzliche Ressource heraus. Sie haben beide ein ganz gleichwertiges Verhältnis zu ihrem Sohn und können die Art, wie jeder mit diesem umgeht, sehr schätzen. Thomas ist weniger sanft geworden. Er streitet häufiger mit Ria, schießt dabei auch manchmal übers Ziel hinaus und hat die Tendenz, aus Kleinigkeiten Grundsatzfragen zu machen. Insgesamt aber ist er dadurch für Ria attraktiver geworden, weil sie mehr Widerpart und Gegenüber in ihm erlebt. Was die Sexualität angeht, so verrät Ria unter vier Augen, »daß es mit dem Armin schon noch toller war«, aber im Vergleich zur Zeit vor der Krise ist sie zufrieden. Thomas erlebt sich in diesem Bereich immer wieder unsicher. Zweifellos läßt er die Mutter in seinem Inneren immer noch darüber wachen, daß er nicht zu sehr über die Stränge schlägt und sich damit zu weit von ihr entfernt. Aber er ist dennoch freier geworden und staunt darüber, was ihm, verglichen mit früher, jetzt möglich ist.

Sehen wir von Alf ab, bei dem es mindestens nicht sehr deutlich ist, hat die Krise der Dreiecksbeziehung allen Beteiligten geholfen: in ihrer Autonomie, in ihrer Sexualität, in ihrer Beziehungsfähigkeit ganz allgemein. Legt das vielleicht den Schluß nahe, daß eine länger dauernde Zweierbeziehung zur Dreierbeziehung werden muß, damit sie von Erstarrung verschont bleibt? Braucht es also den Dritten oder die Dritte, um die Leidenschaft wieder zu entfachen? Ist sexuelle Treue gar der Tod der erotischen Liebe? Auf diese Fragen will ich in den folgenden abschließenden Überlegungen eine Antwort suchen.

2. Leidenschaft und Dauer

Die Dreieckskonstellationen in unseren Beispielen hatten zur Folge, daß es zweien von drei der geschilderten Paare möglich wurde, die »Glut unter der Asche«[38], die sie über die Jahre angehäuft hatten, wieder zum Lodern zu bringen. Dabei scheinen mir aber nicht die Außenbeziehungen als solche das Entscheidende zu sein, sondern viel eher die Tatsache, daß die Paare dadurch aus ihren eingefahrenen Bahnen gekippt und die eingespielten Beziehungsmuster nachhaltig gestört wurden. Diese Störung scheint mir das fruchtbare Chaos angerichtet zu haben, aus dem heraus neues Leben erwuchs. Daraus würde folgen, daß Paare, deren Glut erstickt scheint, nicht unbedingt eine Außenbeziehung brauchen, sehr wohl aber eine nachhaltige Störung – wodurch immer diese hervorgerufen wird. Für solche Störungen kann man auch selber sorgen, und darum möchte ich nun jene Gründe aufführen, die meiner Erfahrung nach häufig die dicke Ascheschicht über der Glut entstehen lassen. Ich möchte damit Anregungen geben, was in einer Dauerbeziehung auch ohne das dramatische Krisenereignis der Dreiecksbeziehung an »Störung« möglich ist, um die Leidenschaft wieder zu beleben.

Fremdheit und Attraktivität

Lustlose Paare haben häufig in ihrem Leben den kritischen Übergang von der Verliebtheit zum verbindlichen Zusammenleben nicht gut geschafft. Sie betonen das Gemeinsame und Verbindende und sorgen zu wenig dafür, daß ein Stück Fremdheit zwischen ihnen bleibt. Dieses Stück Fremdheit unterscheidet nach N. Bischof (Vgl. Kap. 2.1) aber die Vertrautheit zwischen Ehepartnern von der Vertrautheit zwischen Eltern und Kindern – schon im Tierreich. Fremdheit schafft Erregung, zu viel (»primäre«) Vertrautheit blockiert die Lust. Wenn dann Kinder kommen und die Partner sich in der Mutter- bzw. Vater-Rolle erleben, wird dieser Trend verstärkt. Bei Theo und Maria sahen wir die »konservative« Spielart dieses Vorgangs, wobei die Frau auf die Mutterrolle reduziert wird, während der Mann »draußen« weiter sein Heldenleben führt. Ria und Thomas dagegen repräsentieren die »progressive« Variante, die wir nicht selten im alternativen Milieu vorfinden: Beide engagieren sich sehr für die Familie und verschwinden hinter ihren Elternrollen. Ihre Kontur als Mann und Frau droht sich in einem Familien-Einheitsbrei aufzulösen. Dabei kann es nicht ausbleiben, daß auch jene Übertragungen in Gang gesetzt werden, die ich in Kapitel 4 beschrieben habe: Die Partner statten sich noch zusätzlich gegenseitig mit Zügen ihrer eigenen Mütter und Väter aus – mitsamt all den »unerledigten Angelegenheiten«, die damit verbunden sind. So bekommt die Beziehung der Partner immer mehr den Charakter einer wechselseitigen Eltern-Kind-Beziehung – kein Wunder, wenn dabei der letzte Rest von Leidenschaft verlorengeht.

Um auf solche Entwicklungen zu achten und diese rechtzeitig zu identifizieren, ist freilich nicht unbedingt erforderlich, daß einer der Partner eine Außenbeziehung eingeht. Der Entstehung von Eltern-Kind-Vertrautheit zwischen Ehepartnern kann auch anders entgegengesteuert werden, nämlich dadurch, daß beide Partner anfangen, ihre Autonomie zu betonen und zu entwickeln. Wie das konkret aussehen kann, dafür haben uns unsere drei Paare reichliches Anschauungsmaterial geliefert. Die Erschütterung der Außenbeziehung war dafür ja nur der Anlaß. Was sie daraufhin an Autonomie-Entwicklung bei sich in Gang brachten, läßt sich auch ohne Geliebte/n machen. Es ist eine immer wieder bestätigte Erfahrung: Ein kräftiger Luftzug Autonomie läßt auch in länger dauernden Beziehungen die Glut unter der Asche wieder zur Flamme werden.

Lust braucht Raum

Ein weiterer Grund, daß die Leidenschaft im Laufe einer Dauerbeziehung erstirbt, liegt darin, daß – vor allem in der Zeit, in der
Kinder verschiedenen Alters zu versorgen sind, also in der eigentlichen Familienphase – das Leben der Partner in Pflichten, Termi-
nen, Arbeit und Leistungsstreß unterzugehen droht. Meist reagieren darauf als erste die Frauen mit Lustlosigkeit. Männer beklagen sich dann, daß sie, die dann oft immer noch »können« und
»wollen«, von ihnen immer abgewiesen werden. Sieht man aber
genauer hin, erkennt man, daß es auch mit ihrer Lust nicht weit
her ist. Oft verlangen sie Sexualität von den Frauen, um innere
Spannungen abzureagieren oder um kindlich bei ihnen genährt zu
werden und sich geborgen zu fühlen. Mit dem lustvollen Spiel ero-
tischer Leidenschaft zwischen Mann und Frau hat das aber meist
sehr wenig zu tun. Dafür braucht man nämlich Zeit und Raum in
einer Beziehung. Wenn Freude, Spaß, Muße und Beschaulichkeit
auch sonst keinen Platz im Leben des Paares haben, wird dem
sexuellen Erleben auf die Dauer der Boden entzogen. Dann flieht
einer der Partner wie Theo oder Ria in eine außereheliche Liebesbeziehung: Hier findet er/sie den durch Heimlichkeit und Verbot
abgeschirmten und geschützten Bereich, in dem die Leidenschaft
sich wieder entfalten kann. Das Wesentliche scheint mir hier also
gar nicht die Person oder die besonderen Fähigkeiten und Eigenschaften des oder der Geliebten zu sein, sondern der aus dem Alltag ausgegrenzte Raum. Sich diesen Raum zu schaffen, haben jene
Partner versäumt, deren Leben nur noch in Arbeit und Pflicht-
erfüllung besteht. Es ist nicht nötig, zu warten, bis einer der Partner das Spiel der Lust außerhalb wieder entdeckt. Man könnte
schon vorher in der Paarbeziehung jene Inseln und ausgegrenzten
Räume schaffen, die der Lust und Muße im weitesten Sinne vorbehalten sind. Hier könnte das Spiel wieder einen Platz finden, das
vertraute Gespräch, die Muße und die Muse – vom gegenseitigen
Vorlesen bis zum gemeinsamen Musizieren beispielsweise. Oder
die Partner könnten sich Zeit nehmen für den lustvollen Umgang
mit dem Körper ganz allgemein und es sich gut gehen lassen mit
Bädern und Massagen oder mit unangestrengter Bewegung, vom

Jogging bis zum Tanzen und dergleichen. Wenn Männer sagen, sie täten doch viel für ihren Körper, meinen sie etwas ganz anderes. Sie jagen sich beim Joggen mit schmerzverzerrtem Gesicht durch die Gegend, und wenn sie tanzen, streben sie das silberne oder goldene Leistungsabzeichen an. Ebenso leistungsbetont »machen sie dann Sex«. Manchmal geht ihnen dann erst in den Armen einer Geliebten auf, daß das Leben auch noch ganz andere Seiten haben könnte, wie das bei Theo der Fall war. Diese Einsicht wäre aber eigentlich schon früher möglich, und die Umorientierung auf ein Leben, in dem das Sinnliche und Körperliche, das zweckfreie Tun und Dasein einen festen Platz haben, wäre ein guter Nährboden für Lust und Leidenschaft gerade in einer Dauerbeziehung.

Erotik und Verzeihen

Liebe und Leidenschaft sterben manchmal auch daran, daß im Laufe einer Langzeitbeziehung zu viel unter den Teppich gekehrt wurde. Zu viele Verletzungen, die die Partner sich zufügen, werden nicht wahrgenommen. Oft spürt der eine deutlich die Wunde, die ihm der andere – oft mit irgendeiner Unbedachtheit – zufügt. Häufig gab es solche Verletzungen schon um die Hochzeit herum, im Zusammenhang mit den Schwiegereltern oder – manchmal besonders schlimm – um die Geburt des ersten Kindes. Aus Hilflosigkeit und Ungeschick hat einer den andern in einer schwierigen Situation hängen lassen, kein Verständnis gezeigt, Unmögliches verlangt. Aber er/sie schilt sich selber als Kleinlichkeitskrämer, versteht ja auch den anderen, will die ansonsten gute Stimmung nicht verderben oder fürchtet, den anderen zu brüskieren. So wird die Verletzung nicht angesprochen, sondern weggesteckt. Aber dadurch verschwindet sie keineswegs. Notdürftig wird die Wunde verbunden. Aber unter dem Verband beginnt sie zu schwären. Kommt in dieser Weise eins zum andern, wird auf die Dauer die Liebe vergiftet und die Leidenschaft gelähmt.

Nicht selten müssen lustlose Paare den schmerzhaften Weg beschreiten, diese schädlichen Verbände noch einmal herunterzureißen, um die Wunden in der rechten Weise zu versorgen, damit sie zu heilen beginnen. Das heißt: die Verletzungen, die heute noch weiterwirken, müssen alle noch einmal auf den Tisch – ähnlich wie es Theo und Maria gemacht haben (vgl. Kap. 6.3). Dann wird zwar manchmal deutlich, daß die Liebe die Kränkungen nicht überlebt hat und eine Trennung unausweichlich ist. Aber nicht selten berührt der Schmerz, den ein solcher Prozeß in beiden auslöst, ihre Herzen aufs neue, und das gegenseitige Verzeihen erweckt dann auch wieder die erotische Liebe. Auch in diesem Fall müßte es also nicht sein, daß all den kleinen Verletzungen noch die riesengroße der »Untreue« hinzugefügt wird, damit sich die beiden endlich dem zuwenden, was ihre Leidenschaft erstickt hat.

Neue Möglichkeiten in der Lebensmitte

Bei vielen Paaren bringt die Nach-Familien-Phase was Lust und Leidenschaft betrifft noch ein paar besondere Schwierigkeiten hinzu. Es ist die Zeit, wo die Kinder den Einsatz der Eltern, zumal der Mutter, nicht mehr im bisherigen Maße brauchen und die berufliche Karriere für die meisten ihren Gipfel überschritten hat. Es ist die Zeit der Lebensmitte, wo sich das Alter meldet in Form von allerlei kleineren und größeren Gebrechen. Die berühmte Frage, »War das nun schon alles«, läßt sich nicht mehr verdrängen. Einerseits wäre jetzt wieder mehr Zeit und Raum für die Sexualität vorhanden. Aber die Frau stellt die Falten auf ihrer Haut fest, das Erschlaffen ihrer Formen – und die ersten Anzeichen des Eintritts ins Klimakterium. Oft versetzt das ihrem weiblichen Selbstbewußtsein, das vielleicht ohnehin nicht sehr ausgeprägt war, einen argen Stoß. Sie ist jetzt besonders darauf angewiesen, daß der Mann sie begehrenswert findet. Dieser ist jedoch von seinem eigenen Klimakterium betroffen, das er zwar meist nicht wahrhaben will, das aber unabweisbar ist. Statistiken zeigen, daß die Potenz des Mannes in der zweiten Lebenshälfte in der Regel nachzulassen beginnt. Die Tatsache, daß er sexuell nicht mehr so an ihr interessiert ist, schreibt die Frau dem Nachlassen ihrer Attraktivität zu, die sie an den Normen des Jugend-Ideals unserer Gesellschaft mißt. Und ihm ist es natürlich auch lieber, zu glauben, daß es an der Frau liegt und nicht am Nachlassen seiner

Kräfte! Sich einer Geliebten zuzuwenden, gibt ihm die Möglichkeit, dafür den Beweis anzutreten. Denn mit ihr »kann« er, vielleicht sogar in nie gekannter Intensität. Er täuscht sich dabei jedoch über die Tatsache hinweg, daß das am Reiz der Neuheit und der Jugend liegt, die ihn nur vorübergehend aufleben lassen. Er wird trotzdem unaufhaltsam älter und weniger potent. Und: es ist vielleicht sogar die Angst vor diesem unaufhaltsamen Prozeß, die ihn noch einmal erblühen läßt, ähnlich wie man es von manchen unheilbar Kranken kennt, in denen sich die sexuelle Kraft noch einmal aufbäumt, und wie es sogar unsere Waldbäume machen, wenn sie kurz vor dem Absterben unzählige neue Zapfen treiben. Das Nachlassen der Potenz und die Angst davor beim Mann einerseits, und die in den eigenen Augen verfallende Schönheit der Frau andererseits, das ergibt ein fatal ineinander verwobenes Muster, an dem die Leidenschaft älterer Paare nicht selten zugrunde geht.

Dabei könnte genau diese Situation auch eine große Chance sein. Denn – wie uns ebenfalls die Statistiken zeigen – durch das Klimakterium der Frau wird deren sexuelle Erlebnisfähigkeit nicht nachhaltig beeinträchtigt. Meist bleibt sie auf hohem Niveau erhalten oder pendelt sich jedenfalls nach einiger Zeit wieder ein. Und auch das Nachlassen der männlichen Erregbarkeit besagt noch lange nicht, daß der Mann nun nicht mehr erlebnisfähig wäre, sondern bedeutet zunächst lediglich eine Verlangsamung. Das aber kommt in vielen Fällen der spezifischen Erlebnisweise der Frau gerade entgegen. So könnten diese Veränderungen sogar zu einer Neubelebung der Intimität führen, zumal die äußeren Gegebenheiten oft viel günstiger geworden sind, als sie es früher waren: Die Kinder sind kein unkalkulierbarer Störfaktor mehr und man braucht – nach dem Klimakterium der Frau – keine Sorge mehr um die Verhütung zu tragen. Eine neue Phase unbeschwerter Sexualität könnte sich eröffnen – allerdings unter zwei Voraussetzungen: daß es die beiden erstens fertigbringen, über ihre Ängste und Nöte offen miteinander zu reden, zum Beispiel über die Angst, als Frau nicht mehr attraktiv zu sein und als Mann sexuell nicht mehr so selbstverständlich zu »funktionieren« wie früher, und daß zweitens beide sich bereitfinden, mit neuen Möglichkeiten sexueller Begegnung zu spielen und zu experimentieren. Man muß Neues ausprobieren, um sich auf die neue Situation einzustellen, und etwaige Hemmungen und Blockaden, die dabei auftauchen könnten, wären nur ein guter Anlaß, alte Reste von Sexual- und Sinnenfeindlichkeit aufzuspüren und aufzugeben.

Die Leidenschaft muß also im Laufe einer Dauerbeziehung keineswegs aus dem Leben des Paares verschwinden und braucht also nicht mit Notwendigkeit das Beziehungsdreieck, um wenigstens bei einem von beiden wieder zu erwachen. Wenn sie abgenommen hat oder verschwunden ist, liegt es nie bloß an der Gewöhnung und der langen Dauer als solcher. Es hat immer einen oder mehrere der angeführten Gründe. Es lohnt sich, darauf zu achten. Theo und Maria sind ein gutes Beispiel dafür, daß auch ein über fünfzigjähriges Paar noch eine Neubelebung seiner Sexualität erfahren kann.

Und selbst wenn die Lust der Partner aufeinander mit der Zeit tatsächlich nachläßt: Für viele Paare ist das keineswegs ein zwingender Grund, daß einer in eine Außenbeziehung ausbricht. Ich spreche hier nicht von Paaren, die ihr Bedürfnis nach Erregung mit Alkohol, Essen und Fernsehfilmen abzuspeisen versuchen. Vielmehr habe ich Paare vor Augen, in deren Leben es außer der Sexualität noch andere Quellen starker Faszination gibt. Das sind Menschen, die sich Aufgaben gesucht haben, die ihr soziales, politisches, musisches Engagement verlangen, Aufgaben, von denen sie im Inneren gepackt sind und die ihr Leben für sich und miteinander zutiefst mit Sinn erfüllen. In solchen Beziehungen kann es tatsächlich sein, daß Sexualität keine große Rolle mehr spielt, und dennoch hat keiner das Bedürfnis, sich anderswo umzusehen, und niemand kann behaupten, sie wären keine leidenschaftlichen Menschen. Nur, sie haben ihrer Leidenschaft vorrangig eine andere Zielrichtung gegeben, was ihrer Verbindung durchaus nicht die erotische Ausstrahlung raubt, im Gegenteil. Die Betonung der Häufigkeit und Intensität sexueller Betätigung, wie sie heute noch immer dem weit verbreiteten »neoromantischen Liebes-Ideal« entspricht, scheint mir häufig ein Ersatz für solche anderen Formen von Sinnerfüllung zu sein.

3. Treue und Selbstverwirklichung

Immer wieder habe ich in diesem Buch, vor allem in Kapitel 4, davon gesprochen, wie in den Beziehungen zwischen Männern und Frauen Erfahrungen aus den Herkunftsfamilien wiederholt und ungelöste Bindungen zu Vätern bzw. Müttern wiederbelebt werden. Erwachsene Beziehungspartner, so lautete die Folgerung, müssen sich darum häufig voneinander distanzieren oder sogar trennen, um die seinerzeit nicht geleistete Ablösung nachzuholen. Scheint nicht auf diesem Hintergrund die Idee der ehelichen Treue recht problematisch zu sein? Bindet diese nicht durch ihren moralisch überhöhten und untermauerten Anspruch die Ehepartner so aneinander, daß sie mit einer gewissen Notwendigkeit in derartige Abhängigkeiten ungelöster Kind-Eltern-Bindungen hinein- oder jedenfalls nicht mehr aus ihnen herauskommen? War nicht in unseren Beispielen die Untreue geradezu notwendig, um sich aus solchen Bindungen zu lösen? Und erschienen nicht genau aus diesem Grund die »Treuen« wie die »Untreuen« im bisherigen Text immer wieder unter Anführungszeichen? Gibt es also eine Treue, die etwas anderes ist als ängstlicher Verzicht auf Selbstentfaltung und Autonomie?

Von ehelicher Treue zu reden, klingt heute mit guten Gründen nicht gerade modern. Man hört Askese heraus, moralische Überanstrengung oder puritanische Lustfeindlichkeit, und die Bilder, die wir aus der Vergangenheit von treuen Eheleuten vor Augen haben, sind meist nicht besonders einladende Leitbilder. Viele, vor allem Frauen früherer Generationen haben sich mit ihrer Treue selber aufgegeben und auf ein eigenes Leben verzichtet. Mit dem Programmwort der heutigen Zeit, der Selbstverwirklichung kann man diese Tugend also anscheinend kaum auf einen Nenner bringen. Sind Treue und Selbstverwirklichung also ein Widerspruch?[39]

Um darauf eine Antwort zu finden, möchte ich zum Schluß noch eine entwicklungspsychologische Überlegung anfügen. Ganz global gesprochen ist es die Aufgabe des Kindes und Heranwachsenden, sich Schritt für Schritt aus der »primären Vertrautheit« mit den Eltern zu lösen. Nur so kann der junge Mensch seinen eigenen

Platz in der Welt erobern. In diesem Zusammenhang hat also Selbstverwirklichung eindeutig mit Abgrenzung und Befreiung zu tun. Es geht darum, frei von Gebundenheiten zu werden. Beziehungen zu Gleichaltrigen, zu Lehrern, Trainern und dergleichen, sowie vor allem zu ersten Liebespartnern haben gewissermaßen Versuchscharakter. Sie sind einerseits »Probebindungen«, und andererseits dienen sie als Gegengewicht dazu, die Bindung an die Eltern zu lockern. Das Ich des Heranwachsenden bezieht das Du des anderen zunächst noch vorwiegend auf sich, es gebraucht diesen für sein eigenes Wachstum. Das ist sicher keine »reife« Liebe, aber das ist hier durchaus angemessen, denn es geht in dieser Phase um die Ausformung eines starken, abgegrenzten, autonomen Ich. Die dafür in unserer Kultur eigentlich vorgesehene Zeit ist vor allem die Phase zwischen Kindheit und Erwachsenenalter, die Phase der Adoleszenz. Wir erleben allerdings heute aufgrund verschiedenster äußerer und innerer Ursachen, denen ich hier nicht im einzelnen nachgehen kann, daß sich diese Adoleszenzphase immer weiter ausdehnt und der Eintritt ins Erwachsenenalter sich äußerlich und psychisch immer weiter hinausschiebt. Die Ausbildungszeiten werden immer länger, die Ablösung von den Eltern wird für viele immer schwieriger[40]. Sie verlagert sich immer häufiger in die ersten Dauerbeziehungen der jungen Erwachsenen hinein. An den ersten Lebens- und Ehepartnern wird vollzogen, was in die ungebundene Zeit hineingehört hätte und was mit den Eltern nicht abgeschlossen wurde. So erlebe ich häufig als Problem in der Paartherapie, daß die erwachsenen Partner in ihrem Beziehungsverhalten die Stufe Heranwachsender noch nicht überwunden haben, sondern sich gegenseitig stellvertretend wie Vater und Mutter »benützen«, um aneinander – zum Beispiel in Außenbeziehungen – den Ablöseprozeß zu exerzieren. In den Muttersöhnen und Vatertöchtern unserer Paare haben wir typische Beispiele dafür erlebt. Aber abgesehen davon, daß dabei einer den anderen funktionalisiert, gelingt die Selbstverwirklichung dann doch sehr oft nicht, denn in den neuen Beziehungen werden die ungelösten Bindungen nicht selten nur in neuer Variation wiederholt. Dennoch haben unsere Beispiele auch gezeigt und zeigt die Erfahrung immer wieder, daß Untreue auch dazu führen kann, die psychische Nabelschnur zu den Eltern tatsächlich abzuschneiden und einen eigenen Stand zu gewinnen. Durch diesen Schritt lösen sich Menschen ja meist nicht nur von ihren persönlichen Bindungen an Vater oder Mutter, sondern auch von den Werten, Normen und Lebensvorstellungen ihrer gesamten Vergangenheit und ihrer Kindheitswelt. In diesem Stadium der Beziehungsentwicklung von Muttersöhnen und Vatertöchtern kann also zwischen der Forderung nach Treue und der nach Selbstverwirklichung tatsächlich ein ungelöster Widerspruch entstehen. Wären Ria beispielsweise oder Dorothea nicht ausgebrochen, aller Wahrscheinlichkeit nach hätten sie sich immer aussichtsloser in Quasi-Eltern-Kind-Bindungen mit ihren Ehemännern verstrickt.

Das muß aber nicht auf jeder Entwicklungsstufe so sein. Selbstverwirklichung heißt nämlich nicht in jeder Lebensphase dasselbe. Wenn dieser Begriff bedeutet, das ausprägen zu dürfen, was man eigentlich ist, dann heißt Selbstverwirklichung in der Kindheit: Kindsein dürfen, und dazu gehört Gebundenheit und Geborgenheit. Das ist die sichere Basis, von der aus Kinder die Welt erobern und auch wieder zurückkehren können. In der Jugend heißt Selbstverwirklichung etwas völlig anderes: Hier geht es gerade darum, sich aus der Gebundenheit zu lösen, und in die Freiheit und Weite zu gehen. Und im Erwachsenenalter? Hier steht für die Selbstverwirklichung wieder etwas Neues im Vordergrund. Es geht nicht mehr um Gebundenheit wie in der Kindheit, nicht mehr nur um Ablösung und Befreiung wie in der Jugend, sondern hier tritt ein neues Element hinzu, nämlich die willentliche und bewußt angestrebte Bindung, die man mit einem Erwachsenen eingeht. Es geht nicht mehr um die tausend Möglichkeiten, die man ausprobiert, sondern mehr und mehr um die eine Möglichkeit, die man verwirklichen möchte. Es geht nicht mehr nur darum, die Flügel auszubreiten und in die Weite zu fliegen, die Sehnsucht beginnt sich darauf zu richten, nun auch Wurzeln zu schlagen und an Tiefe zu gewinnen. Es wäre also zu kurz gedacht, Selbstverwirklichung allein mit Loslösung, Autonomie und Freiheit gleichzusetzen. Für den Erwachsenen kommt als anderer Pol die Bindung im Sinne eines aktiven und gewollten Sich-Bindens dazu. Wohl bleiben auch im Erwachsenenalter das Gebundensein, die

Abgrenzung und die Befreiung ständig aktuell. Das Kind und der/die Heranwachsende sind ja nicht einfach verschwunden, sondern sind wie die frühen Jahresringe des Baumes weiter in uns vorhanden und lebendig. Aber wenn dazu nicht auch die Entwicklungsstufe der dauerhaften Bindung erreicht wird, sind wir psychisch in der Phase des Adoleszenten stehengeblieben.

Diese Bindung unterscheidet sich vom Gebundensein des Kindes darin, daß sie gewollt und aus freier Entscheidung getroffen wurde. Sie hat also die auf der vorausgehenden Entwicklungsstufe gewonnene Freiheit und Autonomie in sich aufgenommen. Diese Art von Bindung steht also nicht mehr im Gegensatz zur Autonomie. Es heißt nicht mehr »entweder – oder«, sondern »sowohl – als auch«, und Reife scheint mir gerade darin zu bestehen, das Leben zwischen diesen beiden Polen immer wieder ausbalancieren zu können (vgl. dazu Kap. 2).

Im Zusammenhang mit dieser Bindung erscheint aber nunmehr auch der Treue-Anspruch in einem anderen Licht. Treue wird in dieser Phase als eine Möglichkeit, vielleicht sogar als Forderung der Selbstverwirklichung sichtbar. Die erwachsene Bindung bezieht das Du des anderen nicht mehr auf das Ich, sondern umgekehrt: Sie richtet das Ich auf das Du des anderen aus. Wir können statt dessen auch sagen: Erwachsene Bindung hat mit Hingabe zu tun. Daß sich darin Selbstverwirklichung vollendet, weiß jeder, der Hingabe an jemanden oder an etwas in irgendeiner Form in seinem Leben erfahren konnte. Sofern wir Autonomie entwickelt haben, was allerdings unabdingbare Voraussetzung ist, verwirklichen wir in der Hingabe am stärksten uns selbst.

Die Treue fügt dem hinzu, daß wir in der Bindung die Bewegung der Hingabe auf *ein* Du, auf den *einen* oder die *eine*, ausrichten. Das klingt nach Verzicht und Einschränkung – und bedeutet es auch, aber eben nicht nur. Es enthält auch die Chance, die Grenzen meines Ich zu überwinden. In Liebesbeziehungen erleben wir ja immer wieder, daß darin nicht wirklich das Du des anderen gemeint ist, sondern vielmehr das Ich den anderen mit seinen eigenen Idealbildern oder Horrorvorstellungen behängt, die sehr viel mehr mit mir selbst als mit dem Du des anderen zu tun haben. Je unreifer die Liebe ist, desto mehr sieht sie im anderen sich selbst. In mehreren, gleichrangig nebeneinander stehenden Bindungen besteht die Gefahr, daß eine die andere relativiert und mein Ich in der beschriebenen Weise sich selbst immer wieder in den anderen sucht. Die Treue zu einem einzigen Du dagegen ist eine starke Herausforderung, das eigene Ich wirklich zu verlassen und Hingabe zu lernen. Denn die dauernde Bezogenheit auf den anderen macht mir das Projizieren schwer. In der andauernden Konfrontation mit dem einen, welche Treue bedeutet, können sich meine Wunsch- und Schattenprojektionen von seiner Person lösen und kann ich ihn wirklich »als anderen« in den Blick bekommen. Je länger ich nämlich in der Beziehung zu einem Menschen bleibe (vorausgesetzt, ich setze mich dabei lebendig mit ihm auseinander), desto deutlicher wird in der Regel, in wie vielen Zügen ich ihn nach meinem Bild und Gleichnis formen will und wie wenig er tatsächlich diesen Wunschphantasien entspricht, sondern eben anders ist. Und ebenso gilt: je länger die Beziehung währt, desto häufiger entdecke ich, wie viele eigene Schattenseiten ich dem andern in die Schuhe zu schieben geneigt bin, um sie an ihm zu bekämpfen, statt sie zu mir zu nehmen und selber mit ihnen umzugehen. Die Treue in der erwachsenen Bindung kann somit als Herausforderung verstanden werden, das Du immer mehr von meinen Ich-Anteilen zu befreien, mich dem andern immer mehr zu öffnen und auf diesem Weg in die Bewegung der Hingabe an den anderen hineinzukommen.

Treue kann nie als Gebot von außen auferlegt werden. Aufgrund eines Gebotes treu zu sein, ist ein Zeichen kindlicher Gebundenheit, auf die über kurz oder lang adoleszente Rebellion mit Untreue reagieren wird. Aber aus dem Bedürfnis nach echter Bindung erwachsen, kann Treue in eine Tiefe der Liebe führen, die uns mit wahrem Lebensglück erfüllt.

ANMERKUNGEN

1 Pittmann, Frank: Angenommen, mein Partner geht fremd. Stuttgart 1991, Seite 37
2 Beck, Ulrich und Elisabeth Beck-Gernsheim: Das ganz normale Chaos der Liebe. Frankfurt am Main 1990
3 Burkart, Günter und Martin Kohli: Liebe, Ehe, Elternschaft. Die Zukunft der Familie. München–Zürich 1992
4 Welter-Enderlin, Rosmarie: Krankheitsverständnis und Alltagsbewältigung in Familien mit chronischer Polyarthritis. München 1989, Seite 45–71
5 Hildenbrand, Bruno: Eingefrorene Geschichten und auftauende Beschreibungen – begriffliche Überlegungen. In: Zs. System Familie, Jg. 6 (1993), Seite 130
6 Jellouschek, Hans: Die Kunst als Paar zu leben. Zürich–Stuttgart, 7. Aufl. 1995
7 Hildenbrand, Bruno: a. a. O. Seite 130
8 Jellouschek, Hans: Die Rolle der Geliebten in der Dreiecksbeziehung. Neuausgabe (8. Auflage) von: Semele, Zeus und Hera. Zürich 1995
9 Burkart und Kohli, a. a. O. Seite 255–261
10 Welter-Enderlin, Rosmarie: Untreue als Treue zu sich selbst. Vortrag, Tonbandaufzeichnung, Carl Auer Systeme Verlag, Heidelberg
11 Weber, Gunthard (Hrsg.): Zweierlei Glück. Die systemische Psychotherapie Bert Hellingers. Heidelberg 1993, Seite 40–52. Hellinger, Bert: Ordnungen der Liebe. Ein Kurs-buch. Heidelberg 1994
12 Burkart und Kohli: a. a. O. Seite 255–261
13 Hildenbrand, Bruno: a. a. O. Seite 130
14 Welter-Enderlin, Rosmarie: Systematische Paartherapie. In: Hahn, Kurt und Franz-Werner Müller (Hrsg.): Systemische Erziehungs- und Familienberatung. Mainz 1993, Seite 165–180
15 Hildenbrand, Bruno: a. a. O. Seite 136
16 Ders.: a. a. O. Seite 131
17 Ders.: a. a. O. Seite 136
18 Bischof, Norbert: Das Rätsel Ödipus. Die biologischen Wurzeln des Urkonflikts von Intimität und Autonomie. Serie Piper, Band 989. München–Zürich 1991, Seite 137 ff.
19 Napier, Augustus Y.: Ich dachte immer, meine Ehe sei gut, bis meine Frau mir sagte, wie sie sich fühlt. München 1995

20 Weber, Gunthard: a. a. O. Seite 22 ff.
21 Jellouschek, Hans: Lebensübergänge in der Paarbeziehung. In: Egner, Helga (Hrsg.): Aufenthalt im Werden. Solothurn und Düsseldorf 1995, Seite 56–76
22 Welter-Enderlin, Rosmarie: Paare – Leidenschaft und lange Weile. Frauen und Männer in Zeiten des Übergangs. München–Zürich 1993, Seite 67–72. Jellouschek, Hans: Die Kunst als Paar zu leben. Stuttgart 1995, Seite 18–36
23 Jellouschek, Hans: Die Froschprinzessin. Wie ein Mann zur Liebe findet. Reihe Weisheit im Märchen. Stuttgart 1994, Seite 87–97
24 Zur »Spieltheorie« der Transaktionsanalyse vgl. z. B. Schlegel, Leonhard: Die Transaktionale Analyse. Ein kritisches Lehrbuch und Nachschlagewerk. Tübingen 1984, Seite 148–170
25 Bischof, Norbert: a. a. O. Seite 496–499
26 Jellouschek, Hans: Wie Männer Beziehungen gestalten. In: Studiohefte des Österreichischen Rundfunks, Landesstudio Vorarlberg, 21. Ausgabe, Mai 1994, S. 39–51
27 Kästner, Erich: Wer nicht hören will, muß lesen. Eine Auswahl. Fischer TB 1211, Seite 61 f.
28 Zur Theorie der »Ich-Zustände« in der Transaktionsanalyse vgl. Schlegel a. a. O., S. 20–75
29 Vgl. Schlegel, S. 171–237
30 Vgl. dazu Krähenbühl, Verena/Jellouschek, Hans/Kohaus-Jellouschek, Margarete/Weber, Roland: Stieffamilien. Struktur, Entwicklung, Therapie. Freiburg, 3. Aufl. 1995
31 Ich verweise u. a. auf Norman Paul, Virginia Satir, Peggy Papp, und in Deutschland auf Ingeborg Rücker-Emden, Thea Schönfelder und Bert Hellinger, dessen spezifische Methode ich in meinem Zusammenhang im Auge habe. – Weber, Gunthard: Zweierlei Glück. Die systemische Psychotherapie Bert Hellingers. Heidelberg 1993. – Hellinger, Bert: Ordnungen der Liebe. Ein Kurs-Buch, Heidelberg 1994
32 Krabbe, Heiner (Hrsg.): Scheidung ohne Richter. Neue Lösungen für Trennungskonflikte. rororo Sachbuch 8882, Hamburg 1991
33 Moser, Tilmann: Familienkrieg und Familienkonferenz. Über Rituale von Trennung und Scheidung. In: Brauns-Hermann, Christa/Busch, Bernd M./Dinse, Hartmut: Verlorene Liebe – gemeinsame Kinder. Elterliche Sorge nach der Trennung. rororo Sachbuch 9674, Hamburg 1994
34 Imber-Black, Evan/Roberts, Jaine/Whiting, Richard A.: Rituale in Familien und Familientherapie. Heidelberg 1993
35 Dieser Text lehnt sich an Formulierungen von Bert Hellinger an. Vgl. dazu Weber, Gunthard, S. 143
36 Vgl. dazu eine andere Form des Rituals bei Welter-Enderlin, Rosmarie: Paare – Leidenschaft und lange Weile. München 1993, S. 316–319

37 Weber, Gunthard, S. 143
38 Welter-Enderlin, Rosmarie: »Glut unter der Asche« – Leidenschaft und lange Weile bei Paaren in Therapie. In: Ztschr. Fam. Dyn. 1994, S. 233–251
39 Jellouschek, Hans: Treu sein und sich selbst verwirklichen in Paarbeziehungen – ein Widerspruch? In: Ztschr. System Familie 1992, S. 162–170
40 Herms-Bohnhoff, Elke: Hotel Mama. Warum erwachsene Kinder heute nicht mehr ausziehen. Zürich-Stuttgart, 5. Aufl. 1993

PIPER

Joachim Gneist
Wenn Haß und Liebe sich umarmen

Das Borderline-Syndrom. Ein Psychodrama unserer Zeit.
242 Seiten. Kt.

»Menschen, die am Borderline-Syndrom leiden, verzehren sich nach
Nähe und Wärme. Und doch können sie dem Nächsten, der liebevoll
auf sie zukommt, nur Haß und Wut entgegenschleudern. Sie sind
zerrissen von Ambivalenz, von widersprüchlichen, sich gegenseitig
ausschließenden Gefühlen und Strebungen. Sie leben unter dauern-
der Hochspannung, können sich nicht hinreichend nach außen
abgrenzen, lassen fortwährend ihre Empfindlichkeitsgrenzen
verletzen. Es sind Menschen, die unfähig sind, eine klare Lebens-
linie zu formulieren, Identität zu entwickeln.
In dem therapeutisch phantasievollen Buch werden die Geschichten
von Borderline-Menschen erzählt, mit denen der Autor in seiner
psychotherapeutischen Praxis seit 20 Jahren umgeht.
Immerhin leiden drei bis vier Millionen Menschen in unserer
Gesellschaft am Boderline-Syndrom, das als eine ›der‹ Krankheiten
unserer Zeit verstanden wird. In keiner anderen Symptomatik
seelischen Leidens spiegelt sich so bildhaft die Widersprüchlichkeit,
die innere Zerrissenheit, die Zerstörung, die Orientierungslosigkeit
unserer Gesellschaft.«
Deutsche Presse Agentur